现代社会
公民政治德性及其养成路径

THE POLITICAL VIRTUE OF CITIZENS
AND ITS CULTIVATION PATH IN MODERN SOCIETY

李婉芝 著

社会科学文献出版社
SOCIAL SCIENCES ACADEMIC PRESS (CHINA)

序　言

2024 年 1 月，国务院学位委员会第一次将政治哲学列入我国研究生招生专业目录，从此，政治哲学正式成为中国哲学学科门类中的第九个二级学科。这对于中国政治哲学界来说是一件值得庆贺的大事、喜事！在这样一个令政治哲学人欢欣鼓舞的时节，李婉芝博士《现代社会公民政治德性及其养成路径》一书的问世给喜庆的日子又增添了不少喜气！

我在《中西政治哲学通史》"总序"中将政治哲学界定为研究政治本性及其实践要求的哲学学问，认为它是像道德哲学、精神哲学一样的哲学专门学科或实践哲学。哲学主干学科本体论、知识论和价值论研究本体问题、知识问题和价值问题终归要落脚到人类的生存发展享受，而其终极指向是将人类本性实现出来。研究和回答如何实现人类本性问题，正是政治哲学、道德哲学和精神哲学的初心使命。经过几百万年的进化，人类本性渐次形成了三种特性，即社会性、自为性和精神性。其中社会性是人类本性的首要特性。作为群体动物，人类一经诞生就必须生活在社会中，最初是原始人群，而后是氏族部落，再后来是国家。国家作为公共社会，需要管理，于是就有了政治，正是在这种意义上，亚里士多德说"人天生就是一种政治动物"。在现代民主社会，作为政治共同体一员的个人均获得了公民的法定权利，成为社会的主人。作为社会的主人，公民就必须具备政治共同体所要求的德性品质，这就是公民德性，包括政治德性。亚里士多德说，公民作为共同体的一员，如同水手是船上的一员一样。水手有不同的职能，因此他们各有自己应具备的德性，但他们也有一个共同的目标，就是航行。每个公民需要的德性也各不相同，但他们也有一个共同目标，即共同体的安全和幸福。尽管一个国家不可能完全由善良之人组成，但应要求每一个公民恪尽职守,而这又有赖于每个公民的德性。所以,"所有人都应当是善良的公民,这样才能使城邦臻于优良"。这就是说,公民德性事关政治共同体的好坏,在柏拉图看来,每一个公民具备应具备的德性,社会才能实现公正,才会成为所有公民都幸福的幸福社会。

改革开放以来,我国高度重视公民德性建设,中共中央、国务院先后颁布了《公民道德建设实施纲要》(2001)、《新时代公民道德建设实施纲要》(2019)等文件规范和指导公民道德建设。在党中央强有力的推动下,国内学界对公民道德建设问题给予了高度重视。党的十八大以来,随着人们政治参与意识的提高,公民政治德性作为公民德性的一个重要方面,也逐渐受到学界的关注和重视。习近平总书记指出,"我们要健全人民当家作主制度体系,扩大人民有序政治参与,保证人民依法实行民主选举、民主协商、民主决策、民主管理、民主监督,发挥人民群众积极性、主动性、创造性,巩固和发展生动活泼、安定团结的政治局面"。[1] 健全人民当家作主制度体系,扩大人民有序政治参与需要公民具备应有的政治德性素养。然而,现代社会对于公民为什么要培育政治德性、公民应具有什么样的政治德性品质、如何培育公民政治德性等问题缺乏了解和共识。这种状况会阻碍我国公民政治素质整体提升,也势必会对中国式现代化建设产生消极影响。因此,从理论和实践结合上研究和回答新时代公民政治德性培育问题,为党和国家加强新时代公民政治德性培育提供学术支持和理论方案,十分重要且迫切。

婉芝博士的新著界定了公民政治德性的基本概念,从现代社会公民政治德性的思想资源及其价值入手,厘定了现代社会公民政治德性的基本德目及特征,论述了现代社会公民政治德性养成的必要性,确定了现代社会公民政治德性养成的目标、任务、原则及养成的基本路径。在我看来,这部著作在学术方面至少具有三个方面的重要意义。一是可以促进公民政治德性学术研究的深化。近些年国内推出了一些公民政治德性思想方面的研

---

[1] 习近平:《高举中国特色社会主义伟大旗帜 为全面建设社会主义现代化国家而团结奋斗——在中国共产党第二十次全国代表大会上的报告》,人民出版社,2022,第37页。

究成果，但尚未见现代社会公民政治德性及其养成的研究成果。该书有助于促进公民政治德性培育研究的深化，为中国式现代化建设所需要的公民政治德性培育提供理论借鉴，培育具有中国特色的公民政治德性。二是可以为公民政治德性研究提供参考框架或范式。现有的公民政治德性研究成果，对公民政治德性的主要内容及特征、培育路径等缺乏系统研究。该著作从现代社会的视角对公民政治德性的内容进行深入系统的研究，有助于丰富公民政治德性研究的内容。三是对中西政治德性思想资源的深入挖掘和系统整理具有重要作用。该书通过古今中外看似完全不同的政治哲学传统和思想资源的创造性整合，探索一种可能性的方案，以此回应现代社会公民政治德性存在的问题，并揭示培育路径。婉芝博士新著的所有意义归结到一点，就是告诉人们：所有人都应当具备成为善良公民的德性品质，唯有如此，社会才会成为其成员的幸福家园。

2022年4月，我应徐勇教授邀请加盟他领导的国家"双一流"建设学科政治学团队，组建政治哲学学科，婉芝博士同年6月就成为我在华中师范大学政治学部工作后的第一个项目博士后，跟随我研究政治哲学。根据她的专业背景和工作需要，我们建议她主攻公民政治德性问题。两年来，她一直在围绕公民政治德性问题展开政治哲学研究。她一方面大量涉猎政治哲学方面的知识，努力夯实政治哲学的专业基础；另一方面深入挖掘和充分利用中西公民政治德性思想资源，在准备博士后出站报告的同时，完成了《现代社会公民政治德性及其养成路径》一书的撰写工作。她的研究，如同细雨滋润大地，无声却深入，为中国式现代化的基础建设贡献了力量和智慧，更为我们展示了这一领域研究的重要意义。虽然这部著作只是她涉足政治哲学研究的初步成果，但为进一步深化和拓展公民政治德性这一重大课题的研究奠定了良好的基础。我深信，在未来的学术之路上，她定能继续深化研究，不断夯实学术基础，为我国政治哲学贡献更多的智慧与力量。借此机会，我衷心祝愿婉芝博士的学术道路越来越宽广！愿她的每一次探索都能发现新的宝藏，愿她的每一次努力都能收获满满的成果！

这里需要特别提及的是，婉芝博士在做博士后期间，协助我做了大量的组建政治哲学学科的工作。她和熊富标博士共同担任《桂子山政治哲学论坛文集》主编、《政治哲学研究》（集刊）副主编；同时，他们两人是每年一次的"桂子山政治哲学论坛""桂子山政治哲学专题学术讲座季"的主要组织者；他们还协助我组织编撰《中西政治哲学通史》（20卷），为通史的编撰做了大量工作。他们两人不仅以巨大的热情承担了这些分外工作，而且还表现出卓越的组织才能。如果说华中师范大学政治哲学学科建设两年来取得了一些成绩，那么他们两人就是当之无愧的功臣。我谈这些是为了说明，婉芝博士的这部著作是在承担了大量学科建设任务的情况下完成的。她还是两个孩子的母亲，在湖北大学马克思主义学院有繁重的教学任务，为了评职称还得赶着出成果和报项目。这一切表明，婉芝博士为这部著作的完成做出了非凡的努力。这一切固然十分辛苦，但她以苦为乐，从容面对，统筹兼顾，各方面都做得很出色。我相信，她的学术进步会与我们的学科发展同频共振，她的学术实力和学术组织能力会随着学科平台的强大而不断提升。对于她的未来发展，期待她走学问和学科一起做之路，不断增强自己的综合学术实力，为中国政治哲学繁荣兴旺并走向世界做出卓越贡献，这是我的心愿，也是我的期待。

是为序！

江　畅

于武汉沙湖之滨

2024 年 6 月 6 日

目　录

CONTENTS

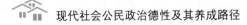

引　言

公民政治德性作为公民应具备的基本品质，对于构建和谐的公民与国家关系有至关重要的作用。改革开放以来，我国高度重视公民道德建设，中共中央、国务院先后出台了《公民道德建设实施纲要》（2001）和《新时代公民道德建设实施纲要》（2019），鼓励人们在社会上做一个好公民。好公民不仅要具备良好的社会公德、职业道德、家庭美德、个人品德，而且要具备应有的政治德性。现如今中国人民过上更加美好生活的愿望比历史上任何时候都更强烈、都更接近实现。习近平总书记提出，要"保证人民广泛参加国家治理和社会治理，形成生动活泼、安定团结的政治局面"①。保证人民广泛参与国家治理和社会治理需要公民具备应有的政治德性素养，公民政治德性素养决定了公民参与国家治理活动的能力和水平。

公民政治德性是西方政治哲学家们始终高度关注的问题，它与经济德性、社会德性一样，都是公民德性的基本建设领域，是由一系列主客观因素构成的动态系统，公民政治德性作为公民德性的一部分，是理想人格的重要组成部分。在亚里士多德那里，政治哲学与道德哲学不是两个学科，而是同一个学科的两个部分，关于德性的讨论，他认为不仅是政治学的部分，而且还是它的起点，"所以，希望自己有能力学习高尚［高贵］与公正即学习政治学的人，必须有一个良好的道德品性。"② 考察现代社会公民政治德性既能为中国式现代化新道路下的公民精神建构提供理论借鉴，培育

---

① 《习近平谈治国理政》（第二卷），外文出版社，2017，第41页。
② 〔古希腊〕亚里士多德：《尼各马可伦理学》，廖申白译注，商务印书馆，2003，第9页。

具有中国特色的公民德性要求，又能够通过古今中外看似完全不同的政治哲学传统和思想资源的创造性整合，探索一种可能性的方案，以此全面反映和回应现代社会公民道德精神建构问题。

早在古希腊时期，公民政治德性问题就已经提出，其源于古希腊的德性伦理学，距今已有3200多年的历史。《荷马史诗》中就有对于战场上英雄的歌颂、对于民众的德性表现等，这些被认为是公民政治德性的朴素表达，尽管那时候可能还不存在市民社会。苏格拉底、柏拉图、亚里士多德并称为"希腊三圣"，他们对于公民政治德性问题有系统全面的论述，奠定了西方公民政治德性思想的基础。苏格拉底认为公民真正应该追求的是智慧和真理；柏拉图在其著作《理想国》中所构建的好公民应具有四种德性，即正义、智慧、勇敢和节制；亚里士多德讨论了好公民必须具备的德性，那就是节制、勇敢、坚忍、智慧、公正、友爱，他把"正义"看作公民参与政治的重要德性。如果我们以简约的语言来概括这一时期公民政治德性思想形成的特点，那就是追寻好人德性，造就卓越公民。古希腊的哲学家们认为，公民是国家的基本因子，公民的素养和品性直接影响着国家治理的成效，公民政治德性是好公民的重要衡量标准，好公民是好国家治理的公民身份条件，公民的习惯、德性、行为倾向等决定着政治制度的走向，政体的循环更替取决于统治者和公民的品格和心灵。

当时和后来的西方思想家对这一问题进行了广泛的探讨，形成了十分丰富的公民政治德性思想。西塞罗在《论共和国》一书中探讨了有关人的正确生活的德性问题；马可·奥弥留在《沉思录》中宣扬公民应该服从命运、安于现状、忍受苦难；阿奎那把"公共幸福"（或译公共福利、公共利益、公益、公善）视为一个社会正义的目标所在。进入中世纪时期，那时的公民基本上都成为了上帝的子民，在基督教神学的作用下诞生了具有浓重的封建神学色彩的政治德性思想。随着资本主义和市场经济的崛起，欧洲资本主义国家越来越重视公民个人权利，公民政治德性问题更加强调要保护公民个人权利。洛克在《政府论》中提出的"三权分立"的思想，是其公民政治德性思想的重要基础；孟德斯鸠认为公民的正义与政治自由是判断所有从古至今的政治社会的绝对标准；卢梭最著名的作品《论人类不平等的起源和基础》《社会契约论》《爱弥儿》《忏悔录》等都反映出丰富的公民政治德性思想。

进入 20 世纪，随着二战的爆发和市场经济的不断发展，人们开始反思市场经济给人类和社会带来的负面影响，开始重新重视政治德性的作用，更加强调公民在政治方面的积极参与和互动。当代西方政治哲学研究围绕正义、平等、法治、权利、权力、自由、和谐等分门别类展开，公民政治德性思想也在其中。列奥·施特劳斯认为正义的问题在公民政治德性中居于首位；罗尔斯在《正义论》中提出了"公平的正义"理论；麦金太尔出版的《德性之后》一书，标志着西方德性伦理学的复兴，重新拾起了被长期忽视的公民德性问题；诺齐克强调公民与共同体之间的关系；以桑德尔为代表的社群主义思想关注的是培养公民的美德和维护共同体，并将正义与善联系起来；佛沃斯认为正是因为公民有诸如慷慨、忠诚、公正、诚实和勇敢这样的德性，社会才具备理性社会的潜能。

西方公民政治德性思想大致经历了古希腊和古罗马时期将政治的德性视为最高德性的公民美德思想，到中世纪欧洲文艺复兴和启蒙运动时期推动公民参与的公民人文主义与理性主义，再到现代社会对于正义、自由、平等的热切期盼，并强调个人权利保障的演进过程。

尽管德性的概念起源于西方，但是在中国，早在先秦时期，思想家们就非常注重道德的培养。先秦诸家可以说大多是研究政治的学派，如儒家主张以德化民、道家主张无为而治、墨家主张兼爱尚同、法家主张依法治国、名家主张去尊偃兵。① 儒、道、法三家对后来的大一统王朝政治产生了直接影响，5000 多年的中华文明留下了许多可供后人学习的思想学说、历史文本，许多关于政治德性的理论观点已经成为积淀在中华民族心理深层的传统观念和文化基因。这些思想对于今天我们加强公民道德建设，增强公民对国家的认同感和归属感，培育适应中国式现代化建设需要的好公民，都具有重要的借鉴意义，值得我们高度重视和研究。

---

①　李婉芝、江畅：《中国政治哲学的一般意涵与总体特征》，《江汉论坛》2024 年第 1 期。

党的二十大报告明确提出，要"以中国式现代化推进中华民族伟大复兴"①，在建设社会主义现代化强国道路上，公民政治德性问题作为国家治理体系和治理能力建设的重点内容，值得深入研究和探讨。了解公民政治德性的实质内涵、基本特征以及结构要素对于现代社会公民政治德性的培育和养成有重要指导意义。

一　术语界定

良好的公民德性是保证民主制度有效运行的重要条件，也是公民教育的直接目的。现代社会公民政治德性及其养成对于加强国家治理体系和治理能力建设至关重要，对于实现中国式现代化和促进人的自由而全面的发展也具有举足轻重的作用。培育和涵养现代社会公民政治德性首先应该了解现代社会、公民、德性、公民政治德性的实质和内涵。

（一）现代社会

西方国家很早就开始用"现代"这个词，马克思在一些论述中经常使用带有"现代"的词语，例如《共产党宣言》里面有"现代工业""现代资产阶级""现代的工人""现代生产力""现代生产关系"等词语。马克思认为"现代社会"是"存在于一切文明国度中的资本主义社会，它或多或少地摆脱了中世纪的杂质，或多或少地由于每个国度的特殊的历史发展而改变了形态，或多或少地有了发展"②。马克思将资本主义社会归为现代社会，在他看来，现代社会不仅是指资本主义社会，而且是指16世纪以来特别是自西方工业革命以来，世界范围内出现的以现代工业和科学技术为动力的、由资本主义生产方式所开创的、与传统社会完全不同的一种新型社会。"凡是大工业代替了工场手工业的地方，工业革命都使资产阶级及其财富和势力最大限度地发展起来，使它成为国内的第一阶级。"③ 这个新型社会引起了传统农业社会向现代工业社会巨大的转变，促进了社会生活

---

① 习近平：《高举中国特色社会主义伟大旗帜 为全面建设社会主义现代化国家而团结奋斗——在中国共产党第二十次全国代表大会上的报告》，人民出版社，2022，第7页。
② 《马克思恩格斯选集》第三卷，人民出版社，2012，第373页。
③ 《马克思恩格斯选集》第一卷，人民出版社，1995，第234页。

方方面面的变革，推动了新的文明出现。虽然这个新型的社会以现代资本主义社会为开端，但它也包括社会主义社会和共产主义社会。

如果将资本主义之前的传统社会看作一个相对封闭且静止的社会，那么资产阶级所开创的现代社会则是一个更加开放、不断变化和发展的社会。与以往所有的社会变化相比较，现代社会的变化是一个全面的、整体性的变革。首先，从社会生活的角度来看，现代社会是由生产方式的变革引起的社会生活方方面面的变革。其次，从全球变化的角度来看，现代社会是所有国家都先后进入生产、交换、分配、消费的环节中来，使世界连成一个整体。最后，从传统文明和现代文明的角度来看，现代社会促使以血缘关系、伦理道德等为纽带的传统文明解体，而以金钱和权力为中心的价值观显现。资本主义社会作为现代社会的开端，它与以往的传统社会不同，主要有以下七个特征：第一，工业化，这是现代社会最根本的特征。工业化的大机器生产使劳动生产率大大提高，资产阶级创造的社会财富增加，整个社会的生产和交往联系更加密切，劳动者整体素质得到提高。第二，世界联系整体化。马克思认为，现代社会"首次开创了世界历史，因为它使每个文明国家以及这些国家中的每一个人的需要的满足都依赖于整个世界，因为它消灭了各国以往自然形成的闭关自守的状态"①。现代社会使世界连成一个整体，而且每个人、每个民族、每个国家都不可避免地参与其中，人们的物质活动和精神活动具有世界性。第三，科技化。科学技术是第一生产力，科学技术推动经济的发展，促进社会变革。科学技术发展的过程体现了人们认识世界和改造世界的能动作用，因此现代社会科技的发展是人类社会进步的重要标志和动力。第四，市场化。市场经济和商品经济不同，市场经济是在生产力高度发达的情况下形成的，可以说市场经济是比商品经济更高的一种经济发展形式。市场经济促进新的社会形态和关系的建立，塑造人们新的价值观念，使世界交往连成一个整体，所以现代社会是随着市场经济的发展而建立起来的。第五，城市化。马克思认

① 《马克思恩格斯选集》第一卷，人民出版社，2012，第194页。

为"它使城市最终战胜了乡村"①。"资产阶级使农村屈服于城市的统治。它创立了巨大的城市，使城市人口比农村人口大大增加起来，因而使很大一部分居民脱离了农村生活的愚昧状态。"② 所以说，随着大机器的使用、大工业的建立和商品经济的发展，城市的出现是一种必然趋势。第六，社会分化与整合相结合。工业化生产使生产专业化程度高、分工细致，机器的使用加剧了社会内部的分工，产生了一些消极后果。现代社会也是一个矛盾体，在分化的过程中也有整合的趋势。现代社会使"过去那种地方的和民族的自给自足和闭关自守状态，被各民族的各方面的互相往来和各方面的互相依赖所代替了"③，整个世界形成一种相互影响、相互依赖的状态。第七，社会文明世俗化。现代社会使一切固定且僵化的关系被消除，人们开始理智、冷静、世俗地看待事物。由于文明是由一定物质生活条件所决定的，且要为物质生产和生活服务，所以随着现代工业文明的出现，现代文明也相应出现。

从不同的层面来说，现代社会又可以有不同的特征。首先，从政治层面看，现代社会是一个自由民主的社会，每个人都可以行使自己的权利、履行自己的义务。其次，从法律层面看，现代社会是一个法治社会，所有社会成员都应该遵守相同的法律制度。最后，从经济层面看，现代社会是市场经济和自由经济的结合体。

"1949 年中华人民共和国成立以来的历史是中国的现代史。④ 中国共产党领导中国人民推翻了压在头上的"三座大山"，结束了半殖民地半封建社会，赢得了民族独立和人民解放，从此走上了社会主义的道路。中国共产党带领中国人民经过社会主义革命、建设和改革开放，把一个极度贫困的旧中国逐步发展成一个持续走向繁荣富强的新中国。尤其是进入新时代以来，中华民族迎来了从站起来、富起来到强起来的伟大飞跃，迎来了实现中华民族伟大复兴的光明前景。在奋进新时代的伟大实践中，在

---

① 《马克思恩格斯选集》第一卷，人民出版社，2012，第 194 页。
② 《马克思恩格斯选集》第一卷，人民出版社，2012，第 405 页。
③ 《马克思恩格斯选集》第一卷，人民出版社，2012，第 404 页。
④ 参见本书编写组《中国近代史纲要》，高等教育出版社，2018，第 1 页。

习近平新时代中国特色社会主义思想的指引下，以习近平同志为核心的党中央带领全国各族人民，实现了第一个百年奋斗目标，历史性地解决了绝对贫困的问题，在中华大地上全面建成了小康社会，党和国家事业取得了历史性成就，发生了历史性变革，中华民族正意气风发地大阔步走在中国式现代化的新征程中。

当下中国明显具备了现代社会的特征：从政治层面来看，党的二十大将发展全过程人民民主写入党章，强调其作为中国民主政治的本质属性和根本保障。从法律层面来看，现代社会是一个法治社会，坚持全面依法治国，国家具备健全的法律制度体系，我国社会主义法律制度体现了党的意志和人民意志的统一。习近平指出，"要把体现人民利益、反映人民愿望、维护人民权益、增进人民福祉落实到依法治国全过程，使法律及其实施充分体现人民意志"。[①] 从经济层面来看，我国具备完善的社会主义市场经济制度，经济实力实现历史性跃升，成为世界经济增长的稳定器和动力源，经济发展方式加快转变，产业技术升级，创新动力作用日益凸显；从文化层面来看，文化事业繁荣发展，现代公共文化服务体系和市场体系不断健全，人民的精神文化生活水平不断提高。

综上所述，结合国际国内现代社会的发展历史，本书所涉及的现代社会这个概念，即当下中国社会；本书要解决的公民政治德性养成问题，也即当下中国公民政治德性养成面临的一系列问题，本书试图为当下中国公民政治德性建设提供实践方案和理论路径。

（二）公民

"公民"一词最早产生于古希腊城邦时代，公民是城邦的基本构成要素，在古希腊语中，"城邦"（Polis）指的是政治共同体，而"公民"（Polites）指的是政治共同体中的成员，即自由民。柏拉图《理想国》是最早具体论述公民内涵的著作。在《理想国》中，苏格拉底认为治理者和人民互称为"公民"。[②] 亚里士多德在柏拉图的基础上具体阐述了公民的概

---

① 《习近平著作选读》第一卷，人民出版社，2023，第299页。
② 〔古希腊〕柏拉图：《理想国》，郭斌和、张竹明译，商务印书馆，1986，第200页。

念，亚里士多德在《政治学》一书的第三章中探讨了公民这一角色，亚里士多德认为公民是城邦组成分子，① "凡有权参加议事和审判职能的人，我们就可说他是那一城邦的公民"。② 亚里士多德还进一步从理想政体的角度讨论了公民的性质，那就是，"所有的公民都应该有好公民的品德，只有这样，城邦才能成为最优良的城邦"。③ 但是需要指出的是，在亚里士多德的著作中，公民是一个特权阶层，儿童、妇女、老年人、残疾人、外邦人、奴隶均不属于公民行列，所以一个人在参与统治和被统治过程中，履行自己的义务才算得上公民。"以公元前5世纪的雅典为例，在40万人口中，只有4万公民，却有20万奴隶，另有十多万没有公民权的移民和穷人。"④ 在亚里士多德的笔下，公民是与德性联系在一起的，公民具有善的向度才能称其为"好公民"，才能制定优良的政体，使公民都过上幸福的生活。亚里士多德认为，城邦是伦理—政治共同体，属于全体公民所有，以追求公共善为目标，"一个城邦的目的是在促进善德"⑤，"城邦是若干生活良好的家庭或部族为了追求自足而且至善的生活，自行结合而构成的"。⑥ 所以"城邦不仅为生活而存在，实在应该为优良的生活而存在"。⑦ 但是值得注意的是，古希腊的公民只有共同体的意识，却没有个人的意识，公民完全依附于共同体而存在，在中世纪，教会和封建君主是国家和人民的主宰，个体只是上帝的子民、封建君主的臣仆，而不是公民。到11世纪，随着市场的扩张，城镇间相互融合，更大规模城市的出现重构了居民结构。过去城镇中生活的人（townsman）已经无法再准确地表明城市居民的特征了，于是"市民"概念由此产生，随后有了"citizen"的称谓。法国启蒙运动后，对公民概念的定义更加强调平等自主。卢梭提出"主权在民"的思想，认为每个人都把自己的全部奉献出来，所以应该对所有人平等。他将

① 〔古希腊〕亚里士多德：《政治学》，吴寿彭译，商务印书馆，1965，第133页。
② 〔古希腊〕亚里士多德：《政治学》，吴寿彭译，商务印书馆，1965，第114-115页。
③ 〔古希腊〕亚里士多德：《政治学》，吴寿彭译，商务印书馆，1965，第122页。
④ 《西方哲学史》编写组：《西方哲学史》，高等教育出版社，2019，第12页。
⑤ 〔古希腊〕亚里士多德：《政治学》，吴寿彭译，商务印书馆，1965，第140页。
⑥ 〔古希腊〕亚里士多德：《政治学》，吴寿彭译，商务印书馆，1965，第141页。
⑦ 〔古希腊〕亚里士多德：《政治学》，吴寿彭译，商务印书馆，1965，第138页。

社会公约总结为："我们每个人都以其自身及其全部的力量共同置于公意的最高指导之下，并且我们在共同体中接纳每一个成员作为全体之不可分割的一部分。"①"至于结合者，他们集体地就称为人民；个别地，作为主权权威的参与者，就叫做公民，作为国家法律的服从者，就叫做臣民。"②孟德斯鸠强调人人平等，每个人都受法律保护。孟德斯鸠认为："一个公民的政治自由是一种心境的平安状态。这种心境的平安是从人人都认为他本身是安全的这个看法产生的。要享有这种自由，就必须建立一种政府，在它的统治下一个公民不惧怕另一个公民。"③卢梭和孟德斯鸠提出了"天赋人权""主权在民""国家属于全体社会成员""法律面前人人平等"等一系列思想观点。启蒙思想家所说的平等成员后来在西方国家的法律上被确定为公民，现代意义上的公民，"是从资产阶级革命成功后开始的，……它指那些具有特定的政治权利和经济权利（包括私人财产权）的人"④。他们的这些权利受到法律的保护，因而成为现代意义上的公民。

公民是一个神圣的称谓。希腊语境下，公民被理解为受过良好教育的人。在不同的历史阶段和社会环境下，公民的身份、地位各不相同，内涵也各不相同，但公民的概念始终与权利和义务观念密切相关。"公民"一词在资产阶级取得政权以及卢梭"主权在民"等思想深入人心后才使用得更加广泛。在历史时态下，我们看到市民社会与国家政治之间呈现演变的结构性变化，公民这一概念的内涵也处于不断演变与扩充之中，这种演变既体现出了公民对国家从依附、独立到逐渐融入的过程，也展现了公民的权利意识和义务意识不断增强的趋势。

在中国，"公民"一词是个舶来品，在西方存续了 2000 多年的公民概念，在中国却是到近代才出现。这与中国封建传统社会中没有民主政治、没有独立的个人地位以及森严的等级制度息息相关，在中国传统社会中一直使用的是"臣民"这个概念。直到 20 世纪初"公民"才进入中国的政

---

① 〔法〕卢梭：《社会契约论》，何兆武译，商务印书馆，1980，第 24-25 页。
② 〔法〕卢梭：《社会契约论》，何兆武译，商务印书馆，1980，第 26 页。
③ 〔法〕孟德斯鸠：《论法的精神》（上册），张雁深译，商务印书馆，1959，第 185 页。
④ 冯建军：《公民品格培育与公共生活建构》，人民出版社，2023，第 3 页。

治词汇中，最早出现在近代仁人志士介绍西方宪法的著作中。康有为较早提出了近代意义上的"公民"概念，是最早主张"立公民"的人。王世杰先生编著的近代著名宪法教材《比较宪法》专辟有"公民团体"一编，其认为"公民这个名词，系指享有参政权的人民而言"①。新民主主义革命时期，1931 年 11 月 7 日中华苏维埃第一次全国代表大会通过了《中华苏维埃共和国宪法大纲》，该大纲明确规定了苏维埃共和国的"公民"概念，这是我国首次在宪法中使用公民的概念。1953 年公布的《中华人民共和国全国人民代表大会及地方各级人民代表大会选举法》正式使用"公民"一词，该法第四条明确规定：凡年满十八岁之中华人民共和国公民，不分民族、性别、职业、社会出身、宗教信仰、教育程度、财产状况和居住期限，均有选举权和被选举权。这为后来我国使用的"公民"概念奠定了理论基础。

从法律上来看，我国现行宪法第三十三条规定，凡是具有中华人民共和国国籍的人都是中华人民共和国的公民。此外规定公民享有人身与人格权，宗教信仰自由，选举权与被选举权、表达自由，劳动与休息权、社会保障权，受教育权、文化活动自由，监督权与请求权等基本权利。这表明我国从法律的角度保障公民的个人权利和自由、政治权利和自由、社会经济权利等，法律明确规定了国家与公民之间的法律关系，公民是在法律面前享有权利和承担义务的主体。这是我国在官方文件中对公民进行的明确定义，这一定义表明，只要有中华人民共和国国籍就是公民，而且公民之间的资格平等性也得以彰显。从政治上来看，中华人民共和国年满十八周岁的公民具有政治权利和政治义务，他们可以参与政治决策、行使政治权利，政治意义上的公民是国家民主政治的基石。从整个社会来看，公民代表着个体在社会中对整个社会所负的责任与义务，社会意义上的公民应该是推动社会进步、注重集体利益的公民。根据上述解释，可见公民不仅具有本国国籍，还享有宪法规定的权利，同时必须履行宪法所规定的义务。

---

① 胡弘弘：《公民概念在我国的发展》，载张庆福、韩大元主编《中国宪法年刊（2005）》，法律出版社，2006。

因此公民既是权利的主体，又是义务的主体。

公民既是一个与社会生活和公民德性息息相关的哲学上的概念，也是一个与权利和义务密不可分的政治概念。正如"尽管公民的内涵与外延在不同时期有所不同，但其共同点在于公民能够作为理性的个体参与公共生活尤其是政治生活"①。公民的内涵一直与德性、道德等关联在一起，因此，正确把握公民的内涵是准确理解公民政治德性的基础。

（三）德性

"德性"一词是一个古老的伦理学术语，西方对德性的研究成果有很多，不同时期其实质和内涵不同。德性的概念在西方思想史上经历了长期的演变过程，德性伦理学就是学者们经过思考和探究形成的重大智慧结晶。古希腊哲学家一般都把德性看作灵魂的品质特征，主要包括智慧、勇敢、节制、公正等。"苏格拉底是对德性问题进行严肃理论探讨的第一人。"② 亚里士多德开德性伦理学研究的先河，后续斯宾诺莎、阿奎那、麦金太尔等学者在亚里士多德的基础上相继提出各自具有独创性的思想观点。

在苏格拉底之前，也有一些思想家涉及德性问题，但都仅仅是只言片语，既不系统，也缺乏理论论证。因此，在一定意义上可以说，苏格拉底以前的思想家只有一些关于德性问题的意见，而没有严格意义上的德性思想。通常认为苏格拉底、柏拉图和亚里士多德的观点最具权威性。苏格拉底不仅开启了西方德性思想的历史，而且为人类提供了第一个完整的德性思想体系，苏格拉底关于"德性即知识"的论述，将德性问题作为主题进行系统的思考和探索，通过辩论和定义的方式试图揭示德性的本质，并将德性的形成与人的幸福、人生联系起来研究，阐明德性对于人生幸福的重要意义，启发人们的德性意识，努力使人们掌握德性的本真含义和意义。柏拉图的德性观点可以理解为对苏格拉底思想的发展，在《国家篇》中，他提出人的心灵包含着三种能力，即理性、精神和欲望，理智使人具有智

---

① 焦国成主编《公民道德论》，人民出版社，2004，第39页。
② 江畅：《德性论》，人民出版社，2011，第23页。

慧的德性，意志使人具有勇敢的德性，欲望使人具有节制的德性。在苏格拉底和柏拉图的基础上，亚里士多德较为系统地阐述了德性的含义，亚里士多德认为德性是值得称赞的品质。亚里士多德在《尼各马可伦理学》中对德性进行具体解释："不过一个有智慧的人也因品质而受称赞，我们称那些值得称赞的品质为德性。"① 同时他强调，我们不仅是要说明德性是一种品质，更重要的是要说明德性是一种什么样的品质。在这个含义的基础上，亚里士多德提出了"四主德"：智慧、勇敢、节制、正义。人是德性伦理学研究的主要对象，亚里士多德指出："人的德性就是既使得一个人好又使得他出色地完成他的活动的品质。"② 他将人的德性分成两种，一种是理智的德性，另一种是道德的德性。理智的德性主要是通过后天的教育经验和时间的考验而形成的，道德的德性主要是自身习惯的养成。亚里士多德关于德性的思想为后世研究德性奠定了理论基础。

斯宾诺莎将德性看作人的力量。斯宾诺莎在《伦理学》中指出："德性与力量我理解为同一的东西。换言之（据第三部分命题七），就人的德性而言，就是指人的本质或本性，或人所具有的可以产生一些只有根据他的本性的法则才可理解的行为的力量。"③ 一物竭力保持自己存在的力量，就是那物自身的或者现实的本质。而且，一个人越能够寻求自己的利益或者保持自己的存在，他就越有德性，倘若一个人忽略自己的利益或者忽略自己的存在，他就是软弱无能。所以斯宾诺莎认为人的本性首先是保存自我："我们不能设想任何先于保存自我的努力的德性。"④

阿奎那认为德性是相对于力量的完善而言的，人所具有的理性的力量是由习惯所决定的，所以人类的德性就是指习惯。阿奎那把德性分为实践的德性和理智的德性，并说明这两种德性是有区别的，"不是每一种德性都是实践的，惟那单存乎意欲能力中的德性，才是实践的"⑤。后来，阿奎那又将人的德性分为尘世的德性和神学的德性。所谓尘世的德性指的是依

① 〔古希腊〕亚里士多德：《尼各马可伦理学》，廖申白译注，商务印书馆，2003，第35页。
② 〔古希腊〕亚里士多德：《尼各马可伦理学》，廖申白译注，商务印书馆，2003，第47页。
③ 〔荷兰〕斯宾诺莎：《伦理学》，贺麟译，商务印书馆，1958，第171页。
④ 〔荷兰〕斯宾诺莎：《伦理学》，贺麟译，商务印书馆，1958，第186页。
⑤ 周辅成编《西方伦理学名著选辑》（上卷），商务印书馆，1964，第374页。

靠人的本性使人的欲意达到完善，而神学的德行是一种超自然的，需要上帝的恩宠，才可以走向幸福的路。神学的德性主要包括信仰、希望和仁慈，"信仰，希望和仁慈都是在人类的德性之上的；因为它们之间是人底德性，乃因他是神恩底分享者"①。

麦金太尔于1981年出版的《追寻美德》被视为德性论研究的一个纲领性文件，他认为德性是一种实践性的品质，是寻求自我满足的品质，是一个整体性善的总和。麦金太尔通过对英雄社会、古希腊、中世纪和现代社会德性的分析，将德性分三个阶段进行论述，进一步完善德性的内涵。第一个阶段，麦金太尔从实践的内在利益角度强调："德性是一种获得性人类品质，这种德性的拥有和践行，使我们能够获得实践的内在利益，缺乏这种德性，就无从获得这些利益。"② 内在利益和外在利益是相互竞争的，而内在利益是竞争优胜的结果。第二个阶段，麦金太尔在对善的探究基础上定义德性："德性必定被理解为这样的品质：将不仅维持实践，使我们获得实践的内在利益，而且也将使我们能够克服我们所遭遇的伤害、危险、诱惑和涣散，从而在对相关类型的善的追求中支撑我们，并且还将把不断增长的自我认识和对善的认识充实我们。"③ 第三个阶段，将德性放在实践所需要的关系中去理解，"就德性维持实践所需的关系而言，德性必须维持的不仅有对现在的关系，还有对过去的关系，甚至对将来的关系"。④麦金太尔1999年出版的《依赖性的理性动物——为什么人需要德性》是对前者的补充和发展，这本书从人类的生物学存在意义上提出共同体理论和德性论，认为德性是人们共同抵御生命的脆弱性和无能的精神纽带，是扶持人们共同支撑生命存在的社会力量源泉。麦金太尔将德性理解为一种品质，他的德性论实质上是对亚里士多德的思想继承。

通过西方学者对德性含义的研究，我们可以发现尽管他们对德性含义的界定并不完全一致，但他们普遍认同的是：德性是人内在的、优良的品

---

① 周辅成编《西方伦理学名著选辑》（上卷），商务印书馆，1964，第376页。
② 〔美〕麦金太尔：《德性之后》，龚群、戴扬毅译，中国社会科学出版社，2020，第243页。
③ 〔美〕麦金太尔：《德性之后》，龚群、戴扬毅译，中国社会科学出版社，2020，第279页。
④ 〔美〕麦金太尔：《德性之后》，龚群、戴扬毅译，中国社会科学出版社，2020，第281—282页。

质；德性不是天生具有的，而是人后天习得的品质。这些研究成果对现代社会公民政治德性研究具有重要的参考价值。

我国关于德性的研究可以追溯到先秦时期以儒家思想"仁"为核心的德性理论。在孔子的德性思想中，"仁"是最根本的德性，"仁"不仅是一种特殊德性，而且是一切德性的总和。孟子作为儒家思想的集大成者，在德性伦理上，他也提出了建立在"人性善"基础上的"仁""义""礼""智"四个基本德目。中国古代和近现代的伦理学大体上是主张"德福统一"的，并且致力于将这种"德福统一"的理论预设变为实践存在。在中国的传统文献中，德性一词使用较少，最早出自《礼记·中庸》的"故君子尊德性而道问学"①，即不仅要遵从与生俱来善的本性，还要不断学习去提升善的本性。"德者，性之端也。"将"德"和"性"分开谈，"德性"一词正是由"德"与"性"演变而来的。朱熹认为："德性者，吾所受于天之正理。"② 王阳明认为："道问学，即所以尊德性也。"③ 这些古代先贤都强调了德性的重要性，即德性是本，学问是末。而孔子看中"仁义"，"仁"指的是爱护同情，"义"指的是应该做的事情，并且这些事情在道德上都是值得推崇的。

通过对德性原初含义的考察及古代思想家们对德性的阐释发现，我国现代学者对于德性的理解和阐述尽管不尽一致，但是也有一些共识，比如，江畅认为德性是人运用理智或智慧根据其谋求生存得更好的本性的根本要求并以生存得更好为指向培育的，以心理定势对人的活动发生作用，并使人的活动及其主体成为善的善品质，即道德的品质。④ 他还认为德性是在一定环境下通过培育而养成的，德性对人的认识、情感、意志、行为活动具有稳定的规范和导向作用。罗国杰指出，"道德品质是一定社会的道德原则和规范在个人思想和行为中的体现，是一个人在一系列的道德行为中所表现出来的比较稳定的特征和倾向"。⑤ 李兰芬等认为，德性就是让

① 陈成国校注《礼记》，岳麓书社，2019，第407页。
② 朱熹：《四书章句集注》，中华书局，2011，第36页。
③ 陈荣捷：《王阳明传习录详注集评》，华东师范大学出版社，2009，第224页。
④ 江畅：《德性论》，人民出版社，2011，第30—31页。
⑤ 罗国杰：《伦理学》，人民出版社，2014，第394页。

一个人高尚并使其实践活动完美的品质。① 张传有认为，德性是一个人所具有的做道德所要求做的事的习惯或气质，它是人们渴望具有的一种稳定性的气质、习惯或特性。② 综上可见，学界普遍认为，德性是一种品质、力量、能力、情感、习惯，德性不是天生就有的，而是人后天习得的品质，是人内在的、优良的品质。

公民德性的概念从德性中派生出来，张宜海认为，公民德性是指公民为了实现人的价值和追求幸福生活，行使一国宪法规定的基本权利和履行宪法规定的基本义务而应具备的优秀品质和能力。③ 公民德性的主体首先一定是公民本身。亚里士多德在《尼各马可伦理学》中强调，我们研究的德性是人的德性，而不是物的德性。在中国的古代思想中，孔子、孟子等圣贤研究的德性也是指人，而不是物。我国现代公民德性一般指涉公民日常公共生活领域的德性，包括社会公德、职业道德、家庭美德、个人品德四个方面。社会公德包括文明礼貌、助人为乐、爱护公物、保护环境、遵纪守法等；职业道德包括爱岗敬业、诚实守信、办事公道、热情服务、奉献社会等；家庭美德包括尊老爱幼、男女平等、夫妻和睦、勤俭持家、邻里互动等；个人品德包括爱国奉献、明礼遵规、勤劳善良、宽厚正直、自强自律等，旨在引导人们在日常社会生活中养成好品行。

（四）公民政治德性

公民政治德性的概念从德性中派生出来。公民政治德性的主体主要指公民，亚里士多德在《尼各马可伦理学》中强调，德性既可以指人所具有的，也可以指物所具有的，但我们更多是研究人的德性。他认为，我们研究的德性是人的德性，而不是物的德性。在中国古代，孔子、孟子等圣贤研究的德性也是指人的德性，而不是物的德性。但是，现代社会中"人"和"公民"有一定区别，首先，人主要是生物学上的概念，公民则是政治、法律上的概念，公民政治德性重点强调德性的主体是公民；其次，公民政治德性的概念强调政治方面的德性或者能力，而不是经济、社会生活

①　李兰芬、王国银：《德性伦理：人类的自我关怀》，《哲学动态》2005年第12期。
②　张传有：《伦理学引论》，人民出版社，2006，第76页。
③　张宜海：《论公民德性》，郑州大学出版社，2011，第173页。

方面的德性，所以从这个角度来说，公民政治德性与公民品德、公民素质、公共精神、公共属性等不同。公民政治德性体现了公民为了实现人的价值和追求幸福生活，行使一国宪法规定的基本权利和履行宪法规定的基本义务而应具备的优秀品质和能力。首先，公民政治德性体现在行使政治权利和履行政治义务相统一的过程中。现实生活中，宪法规定公民是权利和义务的统一体，公民政治德性是公民在行使权利和履行义务过程中体现出来的政治德性。其次，公民政治德性是公民在政治方面具备的优秀品质和能力的体现。亚里士多德、麦金太尔等人都认为德性是那些值得被称赞的优秀品质，但只有优秀品质还不够，更重要的是公民要在政治方面体现出优秀品质的能力，也就是强调公民政治践履的能力，这种能力超越个人私利，促使个体及其实际的行动增进公共福祉共同体的普遍性价值。如关心公共事务、参政议政的热情与智慧、保卫共同体的勇气和能力、具备公共理性等。

这里强调三点：首先，公民政治德性所追问的并不是公民在私人生活中的道德问题，比如"孝顺""善良""真诚""节俭"等个人私德，而是公民在公共生活领域中的道德问题，是一种公共德性。其次，公民德性涉及公民在政治生活中展现的德性，而非经济、文化、生态、社会方面所要求的德性。也就是说，公民政治德性是一种政治领域中的德性。所以，这与我们平时所说的"思想品德""道德修养"等有所不同。最后，公民德性的目的追求的是政治共同体的公共善，公民政治德性指向个体和社会的善。个体的善主要指个人的幸福生活和科学发展，社会的善主要指人对社会的价值和贡献。例如，亚里士多德的德性论既指向个体，又指向城邦，而且城邦的善比个体的善更重要，两者不能分离。

由此可见，公民作为现代国家的根基，公民政治德性的高低直接决定了社会整体政治素养的高低，公民在政治活动中体现出来的素质、态度、品格、精神就必然会对政治共同体的健康发展起到一定的推动作用。公民政治德性是公民德性的重要组成部分，对于良好的社会与政治秩序的形成具有积极影响。由此，我们可以把公民政治德性理解为：社会中的公民基于法律赋予公民身份参与社会生活和社会事务而应该具备的道德品质，这些品质促使个体及其实际的行动增进公共福祉和共同体的普遍性价值。

公民政治德性在古希腊时期有不同类别，当今也同样如此。今天我们将公民政治德性分为公民道德德性、公民理智德性和公民实践德性三类。公民道德德性指的是公民在政治生活中具备的优秀道德品质，主要包括公民精神、公民品格和公民德性。道德随着人类社会的发展而不断发展进步，个人在公共生活中不断增强公民性，最终在道德上体现出优秀品质，表现出善和正义。公民理智德性首要是培育公民的理性精神。苏格拉底、柏拉图等人将理智德性放在重要位置，从"德性即知识"到"知识就是力量"，再到现代社会科技的快速发展、民主政治的进步，理智德性起着举足轻重的作用。我国虽然有重德轻智的传统，但也有重视理智的一面。例如"仁义礼智信"就强调"智"的重要性。公民实践德性主要包括公民参与、权利主张、理性自利、勇于创新、遵守规则五个方面。公民要在公共生活中体现出自己的实践德性，在追求个体和公共社会的善的实践中去完善自己的实践德性。金生鈜认为，"公民通过教育和生活实践本身获得了理性精神和理性能力。这不仅是公民参与公共生活，形成对共同生活的价值体系和共同目标的认同的基础，而且也是公民追求个人良善生活的必要品质"。① 公民道德德性、公民理智德性和公民实践德性共同构成完整的公民政治德性，每一部分都至关重要。

在我国，公民政治德性作为一种个体的公民在政治上体现出的德性，既体现为个人的政治修养和政治行为，也体现在公民追求的公共善部分。《新时代公民道德建设实施纲要》的出台、社会主义核心价值观的建设对于公民具体的道德准则在应然层面做了顶层设计，表明新时代倡导的公民是有知识、有道德，智慧、善良，忠于国家、奉行正义的人，这既借鉴了西方的优秀思想，又传承和发展了中华优秀传统文化。例如，古希腊政治哲学认定和辩护的价值有德性、智慧、卓越、崇高、永恒、目的等；近代以来西方政治哲学认定和辩护的价值有权利、自由、平等、公正、公共理性、法

---

① 金生鈜：《规训与教化》，教育科学出版社，2004，第126页。

治、民主等；中国传统儒家政治哲学认定和辩护的价值有民本、仁爱、诚信、天下大同等；马克思主义政治哲学认定和辩护的价值有平等、解放、人的自由而全面发展等；新时代认定和辩护的价值有中国梦、社会主义核心价值观、人类文明新形态等。当代中国所经历和见证的是从传统社会向现代社会、从计划经济向市场经济的根本性转型，在通往人类文明新形态的新进程中，我们面对如何构建新的社会伦理规范和行为规则以及如何塑造和谐有序的社会交往共同体这一重大时代命题。

二 培育公民政治德性的意义

公民政治德性不仅是公民政治素质的核心内容和关键因素，也是新时代加强公民道德建设、提高全社会的政治文明水平的基础，培育公民政治德性是全面建设社会主义现代化国家的战略任务，也是促进社会全面进步、实现人的全面发展的必然要求。然而，培育公民政治德性目前尚未受到学界的应有重视，社会对于公民为什么要培育政治德性、公民应具有什么样的政治德性品质、如何培育公民政治德性缺乏了解和共识。因此，从理论和实践结合上研究和回答新时代公民政治德性培育问题，为党和国家加强新时代公民政治德性培育提供学术支持和理论方案，十分重要且迫切。

（一）增强公民的政治责任感和使命感

现代公民是公共性与个体性的双重统一，公民性是公民的根本属性，[①]公民不仅过着个体、私人的生活，同时也过着公共的、政治的生活。通过培养公民的政治德性，可以激发公民对于国家、社会和公共事务的关注和参与热情，增强他们的政治责任感和使命感。亚里士多德认为，"政治道德特重正义"，"政治权利的分配标准当以对于该团体的实际贡献（功绩）为衡；每一公民尽多少义务就取得多少权利"。[②] 现实生活中，我们经常看到有些公民在社会生活领域中出现公私不分、化公为私的情况，还有公民

---

① 冯建军：《公民品格培育与公共生活建构》，人民出版社，2023，第6页。
② 〔古希腊〕亚里士多德：《政治学》，吴寿彭译，商务印书馆，1965，第447页。

退回私人生活领域，对公共事务漠不关心，甚至有公民在处理公共事务的过程中表现出各种有违公德的行为。增强公民的政治责任感和使命感有利于形成积极向上的社会风气，促使公民以负责任的态度更加积极地参与政治生活，从而为国家的繁荣和社会的稳定贡献力量。

（二）提升公民的政治素养和判断力

麦金太尔认为，"德性是一种获得性的人类品质，这种德性的拥有与践行，使我们能够获得实践的内在利益，缺乏这种德性，就无法获得这些利益"[①]。公民政治德性是公民在政治领域中表现出的美德，培育公民政治德性有助于提升公民的政治素养，包括政治知识、政治信仰、政治立场、政治行为能力等，同时还能增强公民的政治判断力，使他们在面对复杂的政治问题时能够做出明智的选择和决策，这些可以使个体以其实际的行动增进公共福祉和普遍性的共同价值。

（三）推进公民的政治参与

公民政治德性是在公民的具体行动中体现出来的，培育公民政治德性能够激发他们的政治参与意识，鼓励他们积极行使自己的政治权利，在涉及有关具体的公共事务时，公民能够公开发表自己对此类问题的认识、见解和看法，对其他公民的立场与看法产生这样那样的影响，并以积极的态度参与政治生活，促使公民在遵守法律法规的基础上，以和平、理性的方式解决政治分歧和矛盾，从而维护社会的稳定和秩序。

（四）推动政治文明进步

公民是国家政治文明的重要组成部分，培育公民政治德性能够增强公民政治价值观、政治信念和政治情感，推进公民政治参与，推动政治文明进步。一个拥有高度政治德性的公民群体，对社会制度、发展道路等政治问题将拥有更强的认同感，能够更好地理解和践行民主政治的原则和价值观，积极参与国家政治生活，推动国家政治制度发展和完善。

（五）实现个人全面发展

马克思认为，"工人革命的第一步就是使无产阶段上升为统治阶级，

---

① 〔美〕麦金太尔：《追寻美德》，龚群、戴扬毅等译，中国社会科学出版社，2020，第243页。

争得民主"。① 在马克思看来，无产阶级利用自己的政治统治，不仅能尽可能快地增加生产的总量，还能促进个人的自由发展。阿伦特认为，公共政治生活是个体成为健全人的条件。政治德性的培养不仅有助于公民在政治领域的成长和发展，还能促使他们在道德、知识、技能等方面的全面提升。一个具备良好政治德性的公民，能够更好地适应社会的变化，实现个体的政治价值，促进个人的全面发展，获得人生幸福。

三 本书框架

本书对现代公民政治德性展开研究，旨在揭示现代社会公民政治德性是中国式现代化进程中值得重视的一个问题，着重挖掘西方公民政治德性思想中的积极因素，在立足中国传统德性理论的基础上，以社会主义德性理论为基础，塑造中国特色社会主义的公民精神。公民政治德性的主体是个人，公民自身政治德性的提高不仅需要国家和社会创设客观条件，更需要将培育公民政治德性与公民道德建设有机结合，引领社会文明风尚，化公民政治德性之知为公民政治德性之行，增强公民权利意识，促进公民参与。

本书围绕"现代社会公民政治德性及其养成路径"这一主题分六章加以论述。引言部分对基本术语进行了界定，描画了本书的意图和基本框架。第一章"现代社会公民政治德性的思想资源及其价值"分别从中西方公民政治德性思想的古典形态、中世纪与近代西方公民政治德性思想的多元取向来论述，展现了公民政治德性思想从古至今的基本样态和历史演进。

第二章"现代社会公民政治德性的德目及其特征"论述了现代社会公民政治德性的新变化，据此提出现代社会公民政治德性的基本德目，归纳现代社会公民政治德性的总体特征。

第三章"现代社会公民政治德性养成的必要性"立足时代背景，分别从中国式现代化的客观要求、实现人类文明新形态的实践要求、实现人的自由而全面发展的内在要求三方面进行阐述。

---

① 《马克思恩格斯选集》第一卷，人民出版社，2012，第421页。

　　第四章"现代社会公民政治德性养成的目标和原则"从分析现代社会公民在政治德性养成中面临的问题入手，提出了现代社会公民政治德性养成的目标和原则。

　　第五章"国家在公民政治德性培育和建设中的主导作用"分别从国家在公民政治德性培育和建设中的引导作用和促进作用入手来阐述。

　　第六章"现代社会公民政治德性养成的路径"，提出现代社会公民政治德性养成路径是：用社会主义核心价值观引领公民政治德性建设；加强公民道德建设，提升公民政治德性；加强公民教育，提升公民政治德性修养。

第一章　现代社会公民政治德性的
思想资源及其价值

政治德性是公民成为一个"好公民"的重要内在维度，对于构建和谐的国家与公民关系具有至关重要的作用。在西方历史上，自轴心时代开始，公民政治德性问题就备受思想家重视，形成了丰富而深刻的思想体系。这些思想对于培育和提升公民政治德性具有重要的理论参考价值。

第一节　公民政治德性思想的古典形态

在古希腊罗马的特殊历史条件下，部分国民（自由民）获得了"公民"这种政治身份，国民政治德性也就成为公民政治德性。公民政治德性事关城邦的社会稳定和幸福生活，在轴心时代，思想家群体一出现便开始关注并探讨公民政治德性问题。此后，西方不同历史时期的思想家虽然对公民政治德性问题的重视程度存在差异，但这一问题始终都没有完全离开思想家的视野，构成了西方政治哲学重点关注的八大问题之一。① 在过去的 2000 多年间，西方顺应历史变迁和社会发展的需求，逐渐形成了独特而丰富的公民政治德性思想。

一　《荷马史诗》中公民政治德性思想的萌芽

一般认为，西方公民政治德性思想源于苏格拉底的政治思想，但是在他之前其实就有政治活动。麦金太尔认为，西方对于德性的研究可以追溯

---

① 江畅：《西方政治哲学重点关注的八大问题》，《理论月刊》2022 年第 8 期。

到以荷马为代表的英雄社会。① 作为德性的重要组成部分，西方古典公民政治德性思想的产生也可以追溯到荷马史诗年代。关于荷马的生活时期，古典作家推测由公元前十二世纪至公元前七世纪不等，② 荷马史诗中记录的特洛伊战争就是属于迈锡尼文明时期，而迈锡尼文明的繁荣时期约在公元前十三世纪至前十二世纪。③

荷马史诗诞生于公元前 1200 年至公元前 800 年的黑暗时代，这一时期实质上是希腊文明从奴隶制社会倒退到军事制社会的时期。荷马在继承和吸收前辈们成就的基础上，创作了包括两部有关特洛伊战争的长篇光辉史诗——《伊利亚特》和《奥德赛》，这是欧洲古典文学的不朽名篇，一直被视为人类古代文明的奇葩。这两部史诗相传由古希腊盲诗人荷马所著，因而统称为"荷马史诗"。

希腊语"aretê"一词最初在《荷马史诗》中用于表达任何一种卓越品质，后被译作"德性"，被认为是西方最早关于德性的阐述。麦金太尔认为，这种英雄社会的德性的践行既要有一种特定的人，也要有一种特定的社会结构。④ 在这样一种特定的社会结构中，德性的品质可以使社会中的成员做到他或她的角色所要求做的事情，所以荷马在这部著作中体现出来的公民政治德性问题主要体现在英雄的德性上。荷马热衷于等级化的正义，强调领袖们的权威与能力，强调英雄们在战场上的勇敢，以及与勇敢、理性、睿智相关的那些德性概念，并与友谊、命运和死亡这类概念直接存在内在的关联。《荷马史诗》中记录的智慧、勇敢、刚毅等英雄德性，以及普通人善良、勤劳、正直等德性被认为是公民政治德性的雏形，尽管那时还不存在公民的概念。

比如在战争中透露出的正义观念——统治者在关键时刻需要冲锋在前，勇敢地保卫国家，"我们现在理应站在吕底亚人的最前列，坚定地投

① 〔美〕麦金太尔：《德性之后》，龚群等译，中国社会科学出版社，2020，第12页。
② 〔古希腊〕荷马：《荷马史诗·伊利亚特》，罗念生、王焕生译，人民文学出版社，1994，第1页。
③ 〔古希腊〕荷马：《荷马史诗·伊利亚特》，罗念生、王焕生译，人民文学出版社，1994，第2页。
④ 〔美〕麦金太尔：《德性之后》，龚群等译，中国社会科学出版社，2020，第160页。

身于激烈的战斗毫不畏惧，好让披甲的吕底亚人这样评论我们：'虽然我们的首领享用肥腴的羊肉，啜饮上乘甜酒，但他们不无荣耀地统治着吕凯亚国家：他们作战勇敢，战斗时冲杀在吕底亚人的最前列'"①。描述战争时英雄们格斗的场景，体现出英雄们在面对生死时毫不畏惧的斗争精神，"如果你要我战斗，你就叫特洛亚人和全体阿开奥斯人坐下，把战神喜爱的墨涅拉奥斯和我放在两军之间，为争取海伦和她的财产单独决斗。我们两人谁获得胜利，比对方强大，就让他把这个女人和财产带回家"②。《奥德赛》叙述了古希腊军队主要将领之一、伊塔卡王奥德修斯在战争结束之后历经十年漂泊，返回家园的故事。③ 主人公奥德修斯作为史诗的主人公，诗人对他的坚毅和多智进行着意刻画，在很多场景中描述他是勇敢的、睿智的、足智多谋的、机敏的、历尽艰辛的、饱受苦难的、阅历丰富的。比如奥德修斯在回乡的路程中睡着，被费埃克斯人放在岸上，他醒来后没有认出来是自己的故乡，于是伪装成牧羊人向雅典娜问路："在大陆有十二群牛，同样数量的绵羊，同样数量的猪群和广泛散牧的山羊群……我就在这里放牧，看守这里的猪群，每天得挑选一只最好的奉献给他们"④ 奥德修斯除了具有上述性格特征外，还热爱故乡，热爱家园，热爱劳动，爱护忠实的奴隶，严惩背叛的奴仆。诗人通过塑造奥德修斯这一形象，表现了处于奴隶制发展时期古代希腊人政治德性的主要特征。立法、改革和僭主政治的发生，以及斯巴达和雅典等城邦的改革，在这种背景下首先产生了表达城邦稳定的优良秩序理念，随后出现了更能表达民众理念的平等主张，战争与政治制度之间的关系和对人性的影响，成为修昔底德关注的中心问题。进入古典时代，随着希腊民主政治的繁荣，礼法与自然的关系、民众的统治与正义的理念，占据了希腊人思考的中心。尽管《荷马史诗》

---

① 〔古希腊〕荷马：《荷马史诗·伊利亚特》，罗念生、王焕生译，人民文学出版社，1994，第288页。

② 〔古希腊〕荷马：《荷马史诗·伊利亚特》，罗念生、王焕生译，人民文学出版社，1994，第63页。

③ 〔古希腊〕荷马：《荷马史诗·奥德赛》，罗念生、王焕生译，人民文学出版社，1994，第1页。

④ 〔古希腊〕荷马：《荷马史诗·奥德赛》，罗念生、王焕生译，人民文学出版社，1994，第264页。

关于英雄的德性思想不免天真朴素，但是提出了苏格拉底、柏拉图和亚里士多德等政治思想大师们思考的基本问题，奠定了古典时代系统化的政治德性思想理论基础，并为后来西方政治哲学中的德性思想提供了必要的资源和前提。

二　苏格拉底、柏拉图以"四主德"为核心的公民政治德性思想

西方公民政治德性思想的最初出现是与雅典城邦由兴到衰直接关联的，希腊城邦是由各种大小不一的氏族结合在一起而形成的特殊的古代国家形态。一般认为，希腊城邦最初出现在公元前 8 世纪前后。[①] 到公元前 8 世纪至前 6 世纪，希腊人在爱琴海、黑海、地中海沿岸及其海上的岛屿建立了数以百计的城市国家。从公元前 6 世纪开始，雅典开始走向了对外扩张的道路，经过半个世纪的战争，雅典最后打败了波斯的侵略，取得了海上霸权，从此雅典的经济出现了高度繁荣。在经济高度繁荣的基础上，雅典的民主政治也迅速发展，从而促进了雅典时期的思想文化大发展。

然而，一场以斯巴达为首的伯罗奔尼撒战争使雅典迅速从兴盛走向衰败，长达三十年的伯罗奔尼撒战争以雅典的失败告终，导致民主制一蹶不振。由战争引发的经济问题加剧了希腊许多城邦已有的阶级矛盾，城邦之间的战争成为生活的常态，整个雅典社会战祸连绵，动荡不安。正是在这种社会背景下，希腊哲学界开始关注人们的幸福，关注幸福所必需的德性，德性思想便由此产生。在这个过程中，苏格拉底无疑起到了非常关键的作用。有学者认为，苏格拉底以前的思想家只有一些关于德性问题的意见，而没有严格意义上的德性思想。[②] 苏格拉底早年曾潜心研究自然哲学，但最后得出结论："哲学不能单纯研究自然，而不知道有用处的人事问题，诸如虔诚、适宜、正义、明智、勇敢等德性的定义，治国的道理，统治者的品质等。"[③] 在他之前的哲学家们主要关注自然哲学，比如米利都的泰利斯、赫拉克利特等研究宇宙的本源是什么，毕达哥拉斯学派和爱利

---

① 江畅：《西方德性思想史（古代卷）》，人民出版社，2016，第 15 页。
② 江畅：《西方德性思想史（古代卷）》，人民出版社，2016，第 17 页。
③ 《西方哲学史》编写组：《西方哲学史》，高等教育出版社，2019，第 43 页。

亚学派研究世界是由什么构成的。苏格拉底出于对国家和人民命运的关心，对哲学的研究从天上转到地上，转而研究人类本身，他开始研究人类的伦理问题，比如什么是正义，什么是勇敢，什么是诚实，什么是智慧，什么是美德，等等。苏格拉底一生并没有著书立说，他的思想大都通过他的弟子记述，其中蕴含了丰富的公民政治德性思想。

苏格拉底提出"美德即知识"的思想，他认为城邦的目的是使人们都过上合乎美德的生活，因此，苏格拉底认为治国者首先必须是具有美德、懂得管理的专门人才；其次，苏格拉底还认为美德可教，因而公民美德的获得要靠个人努力，同时也依赖于诸多的偶然性。他关注共同体对于管理其公民优秀品质的要求，他认为为恶者将无法逃脱制裁。这也是他关于公民政治德性思想的起源："苏格拉底向雅典人假设了这样一个场景：他站在大街上，高声劝诫雅典人，要关心灵魂，而不是追求钱财和荣誉。"① 他认为公民要过上好生活，灵魂是照看的首要对象，公民真正应该追求的是智慧和真理，法律是作为公民所必须遵守的，"在公共事务中，他把坚持正义和法律当作第一原则"。② 一方面他作为哲学家，坚持用自己的言谈来劝说雅典人关心灵魂和正义；另一方面他不惧强权，捍卫正义，将心中的正义标准作为行动的唯一准则，他用著名的苏格拉底之死阐述了一个雅典公民对于他所生活的城邦所体现出来应有的德性，尽管这种注解采取了悲剧的方式，但是苏格拉底给出的理由是：我既然自愿选择生活在雅典，那么就表明我对于雅典体制的认同，承诺信守雅典的法律。他的身体力行堪称奉公守法的公民美德的最好注解。在苏格拉底的智慧中，任何严肃思考政治事务的人都离不开他所开启的视野：政治对灵魂的观照，以及哲学在政治中的作用，而这也正是柏拉图政治思想的核心关切。

如果说苏格拉底的公民政治德性思想落脚在个人灵魂的照看上的话，"对好的生活而言，灵魂是照看的首要对象"。③ 那么柏拉图的公民政治德性思想更关注理想社会的构建与实现。柏拉图出生于雅典城邦衰落的时

---

① 〔古希腊〕柏拉图：《苏格拉底的申辩》，吴飞译，华夏出版社，2007，第192页。
② 〔古希腊〕柏拉图：《苏格拉底的申辩》，吴飞译，华夏出版社，2007，第198页。
③ 刘玮主编《西方政治哲学史》（第一卷），中国人民大学出版社，2019，第82页。

期，那时疫病流行，大政治家伯利克里染疫去世后，群龙无首，伯罗奔尼撒战争爆发，危机四伏。面对雅典城邦内乱，大多数城邦因为争夺权力和贫富分化而实际上分裂为多个城邦，柏拉图将公民政治德性与城邦德性结合起来，他从公民天然的社会性出发，强调整体利益是最高利益所在，视城邦的最大利益为公民的最大利益，只有服从城邦整体的善，公民个人的生活意义和自身价值才能在城邦空间中体现出来。他认为好城邦就像有机体一样拥有统一感情，"那么护卫者们将比别的公民更将公有同一事物，并称之为'我的'，而且因这种共有关系，他们苦乐同感"①。他在《理想国》中所构建的好公民应具有四种德性，即正义、智慧、勇敢和节制，他认为如果公民不具有这四种德性，那么理想的城邦共同体就不可能实现。同时，他还将理想政体中的公民划分为三个等级，每个等级有与其配适的德性标准，适用于统治者的德性是智慧，与保卫者相称的德性是勇敢，而生产者的德性则是节制，三者各司其职，所到达的是正义德性。他认为，城邦正义能够促进全体公民的最大幸福，城邦制度的安排围绕着正义的至上目的展开。希腊城邦中的正义也是公民文化精神的基本准则，并成为一种首要的价值取向与美德。

三　亚里士多德关于好公民与好城邦关系的思想

作为西方政治哲学史上的重要代表人物，亚里士多德在其著作《政治学》中对公民和公民德性思想有较多论述，构成了其城邦政治哲学的重要组成部分。亚里士多德生活的年代为前384—前322年，这一时期的雅典民主制已经开始衰落。伯罗奔尼撒战争结束了雅典的经典时代，导致战后雅典的城邦危机，也结束了雅典的民主时代。在这样的时代背景下，亚里士多德在批判性继承柏拉图思想的基础上苦苦思索如何使城邦的人民过上"幸福""至善"的生活。他首先论述了什么样的居民属于"公民"。在亚里士多德看来，城邦是由一定数量、不同身份的居民所组成的整体，并不是所有的居民都是公民，"凡有权参加议事和审判职能的人，我们就可说

---

① 〔古希腊〕柏拉图：《理想国》，郭斌和、张竹明译，商务印书馆，1986，第202页。

他是那一城邦的公民"。① 在平民政体中，"凡属公民就终身具有参加议事、司法和行政机构的权利"②。

亚里士多德对于德性和政治德性的概念进行了论述。德性的概念在所有的希腊伦理学体系中都是根本性的概念。亚里士多德把德性的概念用于所有生命物及其实现活动，他认为，"德性是使得一个事物状态好并使得其实现活动完成得好的品质"③。德性作为灵魂的实现活动的品质，其在政治生活中的表现是与政治实践活动分不开的。对于"政治德性"这一概念，亚里士多德认为，"政治学考察高尚〔高贵〕与公正的行为"④，所以"希望自己有能力学习高尚〔高贵〕与公正即学习政治学的人，必须有一个良好的道德品性"⑤。"德性在爱活动的人们看来是比荣誉更大的善，甚至还可以假定它比荣誉更加是政治的生活的目的"⑥，所以，亚里士多德提出了"政治品德"的概念⑦。公民政治德性是公民参与政治活动时应具有的优良品质，亚里士多德讨论了好公民必须要具备的德性，那就是节制、勇敢、坚忍、智慧、公正、友爱，他把"正义"看作公民参与政治的重要德性，"政治权利的分配标准当以对于该团体的实际贡献（功绩）为衡"。⑧ 个人道德需要正义，社会道德也需要正义。

亚里士多德试图在公民政治德性与城邦政治之间建构起内在的逻辑关联。他从政治自然的目的论视角出发，阐释城邦的自然目的性生成以及城邦在培育公民政治德性（进而使公民过上至善的幸福生活）方面的重要作用。反过来，公民过良好、幸福至善生活的前提也需要参加城邦的政治活动："显然可见，就各个人而言为最优良的生活方式，即把全邦作为一个集体，对全邦所有的人民而言也一定是最优良的生活方式。"⑨ 公民政治德

---

① 〔古希腊〕亚里士多德：《政治学》，吴寿彭译，商务印书馆，1965，第 114-115 页。
② 〔古希腊〕亚里士多德：《政治学》，吴寿彭译，商务印书馆，1965，第 444 页。
③ 〔古希腊〕亚里士多德：《尼各马可伦理学》，廖申白译注，商务印书馆，2003，第 xxxii 页。
④ 〔古希腊〕亚里士多德：《尼各马可伦理学》，廖申白译注，商务印书馆，2003，第 5 页。
⑤ 〔古希腊〕亚里士多德：《尼各马可伦理学》，廖申白译注，商务印书馆，2003，第 9 页。
⑥ 〔古希腊〕亚里士多德：《尼各马可伦理学》，廖申白译注，商务印书馆，2003，第 10 页。
⑦ 〔古希腊〕亚里士多德：《政治学》，吴寿彭译，商务印书馆，1965，第 141 页。
⑧ 〔古希腊〕亚里士多德：《政治学》，吴寿彭译，商务印书馆，1965，第 447 页。
⑨ 〔古希腊〕亚里士多德：《政治学》，吴寿彭译，商务印书馆，1965，第 355 页。

性不仅关乎个人的幸福，还关乎整个城邦共同体的命运。"所有的公民都应该有好公民的品德，只有这样，城邦才能成为最优良的城邦。"① 因此，公民政治德性对于最好的政体具有基础性作用。亚里士多德从以下几个方面论述了公民政治德性与城邦政治的关系。一是公民政治德性关乎城邦政治的目的；二是公民政治德性关乎政体的形式与衰变；三是公民政治德性关乎城邦政权的稳固。

如果我们以简约的语言来概括亚里士多德的公民政治德性思想，那就是追寻好人德性，造就卓越公民。简单说，亚里士多德认为人不是独立的个体，人皆是以善好生活而非自我保存为目的的优良城邦中的好公民，好公民之德性即好人之德性。公民政治德性之目的就是培养好人德性、能探问何为善好生活的好公民，从而构建至善城邦。

四　希腊化时期和罗马时期思想家论公民政治德性

一般认为，从公元前 322 年亚里士多德去世，到公元 529 年东罗马帝国皇帝查士丁尼下令关闭雅典所有学园的这一时期包括了两个不同的阶段：希腊化时期和罗马时期。② 如果说古希腊时期奠定了西方政治德性思想的基础，那么古罗马时期则是公民政治德性思想的发展阶段。古罗马不仅全面吸纳了古希腊在神话、政治、宗教、科学、哲学、艺术、文学等方面的成就，而且以强大的武力捍卫着这些文明成果。这个时期的哲学产生了四个新派别：伊壁鸠鲁派、斯多亚派、怀疑派和新柏拉图主义。③ 这一时期，一方面随着奴隶制社会经济、政治和文化矛盾加剧，希腊城邦制瓦解所造成的社会动荡和融合，使人们不再是只追求智慧，而注重对人生幸福的追求。另一方面，罗马人和东方人的实用主义态度和宗教信念，怀疑主义和相对主义引发的争论，从内部毁坏了希腊人固有的思辨理性精神，哲学家试图用道德学说扩大社会影响，更加有效地维护统治阶级利益。随着雅典民主政治的发展，对公民参与政治的德性也提出了更高的要求，希

---

① 〔古希腊〕亚里士多德：《政治学》，吴寿彭译，商务印书馆，1965，第 122 页。
② 本书编写组：《西方哲学史》，高等教育出版社，2019，第 84 页。
③ 《西方哲学史》编写组：《西方哲学史》，高等教育出版社，2019，第 84 页。

腊化罗马的政治哲学沿用了古典希腊政治哲学的主要概念，比如共和、君主、僭主和寡头制等，希腊化罗马的政治哲学中包含了对公民观念的再发现，以及非种族性和非民族性的世界公民。

伊壁鸠鲁把哲学当作实现幸福生活的活动，他不仅关心个人快乐，也十分重视社会正义。他认为"自然的公正，乃是引导人们避免彼此伤害和受害的互利的约定"①，公正既是人们趋利避害的自然需要，也是法律制度，只有公正才能普遍保障人们的安全。伊壁鸠鲁的自然约定论成为近代社会契约论的先声。马克思、恩格斯就曾经指出："国家起源于人们相互间的契约，起源于 contrat social（社会契约），这一观点就是伊壁鸠鲁最先提出来的。"② 伊壁鸠鲁派认为每个人都是自然之子，同等尊贵，都是遵守宇宙这个伟大城邦的法律的公民。作为伊壁鸠鲁派最重要的代表人物之一的卢克莱修发现了宗教的心理根源和社会根源，而这也是近代唯物主义和无神论的重要来源。

斯多亚派是公元前 300 年前后，形成于古希腊的一个哲学学派，因创始人芝诺经常在雅典集会广场的廊苑（Stoa Poikile）聚众讲学而得名。斯多亚派是古希腊罗马哲学中流行最广泛、延续时间最长的一个派别。③ 斯多亚派认为世界是理性的，宇宙是一个美好、和谐有秩序的整体，人是宇宙中的一部分，因而也是一个独立的"小宇宙"，人类是一个神圣的整体，国家应该由智慧的君主来治理。斯多亚派的哲学思想致力于如何培养公民、伟人和帝王，具有丰富的公民政治德性思想。

芝诺被认为是斯多亚派的创始人，他在继承赫拉克利特自然法的基础上构建了自然法政治哲学的路线。芝诺并不认同柏拉图的《理想国》，他针锋相对地写出了同名的《理想国》批判柏拉图的政治构想。他描绘了一个基于斯多亚派原则的理想社会，针对柏拉图将理想国局限于一个城邦内的构想，批判性地提出了"世界公民"的概念，而且还把"世界城邦"的范围扩

---

① 北京大学哲学系外国哲学史教研室编译《古希腊罗马哲学》，生活·读书·新知三联书店，1957，第 347 页。
② 《马克思恩格斯全集》第三卷，人民出版社，1960，第 147 页。
③ 《西方哲学史》编写组：《西方哲学史》，高等教育出版社，2019，第 89 页。

大到了神的领域，使之成为人神共在的共同体。尽管世界城邦的意义依然是理想化的政治追求，实际中的城邦、国家实则无论是制度还是法律都完全不同，芝诺则进一步提出自然法的概念来解决这个分歧，虽然自然法不是具体的法条，却是任何成文法的基础，而其第一条命令是履行责任，如同自然界万物一样人具有自我保存、生殖繁衍的责任，但人还具有组成社会的理性责任，如孝敬父母、敬重兄弟等。这一具有人文主义色彩的自然法思想论证了既然理性是人的必然性，那么合乎理性的生活就应当成为人类生活追求的目的，而合乎理性的生活就是德性或至善，于是这种结合了希腊哲学中善的追求的公民政治德性思想，就成了使我们达到与自然相一致地生活的东西。

斯多亚派也以自然哲学为依据，论证人的世界公民身份。西塞罗把斯多亚学派所谓的"人的社群天性"以及希腊化哲学所谓的"世界公民"的本性展示为一种政治的德性，他认为政治的德性是最高的德性，是人最高贵的品质。他在《论共和国》一书中探讨了有关人的正确生活的德性问题，他认为践行正义是一种美德，强调正义原则运用指令和禁令的方式来指导我们的生活，诸如：不要伤害一切人，要考虑整个人类的利益，去分给每个人他的应得（包括平等拥有的应得和劳动应得），不要触动神圣的或公共的财产，不能拥有属于别人的财产等。[①] 人们对人慷慨，对国家忠诚，对朋友友爱，为他人服务时仁慈，对所受的恩惠感恩，这些德性都属于人的自然倾向，是正义的德性之源。他强调国家和法律是人民的共同财产，因此它的权威来自人民的力量。国家的利益至高无上，他赞美公民对国家的责任，同时又主张用法律的方式来确认公民的权利，强调国家有义务保护公民的私有财产。他在《论至善和至恶》中把公民的政治德性定义为善良、智慧、守法，知道自己对国家的职责。斯多亚学派强调的是众人的利益，而不是自己的或者某个个人的利益。

到了罗马帝国时期，随着罗马人在实践方面越来越深地陷入纵欲主义的泥沼，斯多亚学派相应地采取了一种越来越偏激的禁欲主义姿态，相应的学说主张也是丰富多彩。晚期斯多亚学派的主要代表人物是塞涅卡

---

① 陈开先：《政治哲学史教程》，科学出版社，2010，第42页。

(Seneca)、爱比克泰德（Epictetus）、马可·奥勒留（Marcus Aurelius），其中塞涅卡是罗马大臣，他是罗马皇帝尼禄的老师及顾问，爱比克泰德是一名奴隶，马可·奥勒留则是罗马皇帝。他们都有真正完整的著作传世，作为政治哲学家他们虽然社会地位悬殊，但是在公民政治德性方面的思想却是一致的，均强调对于命运的服从。塞涅卡的一生是典型的古罗马精英阶层的缩影，塞涅卡年少时就被送到罗马接受哲学等方面的教育，后来因卷入政治斗争而被流放，后又被召回古罗马重获重用，并由此进入人生的巅峰，成为皇帝尼禄的大臣，最后被指控参与了对皇帝尼禄的暗杀行动而被责令自尽。塞涅卡不仅传播着斯多亚学派的理念，同时也力图展现自己对于哲学、理性、美德和幸福生活的独到见解，他明确提出了"顺应自然，服从命运"的观点，强调公民面对一切欲望和激情的困扰应采取不动心的态度，"不仅是忍受折磨，而且要勇敢地去忍受，这是令人更加向往的。我会向往勇敢地忍受，因为它是一种美德"①。

爱比克泰德出生于罗马行省福吕吉亚（Phrygia）的希罗波利斯（Hieropolis，今土耳其境内）的一个奴隶之家，他在获释前一直是地位卑贱的奴隶，他的名字"爱比克泰德"在希腊语中即为"获得的""买来的"意思，寓意着他的奴隶身份。正是由于他的这种身份，所以他对于自由有一种近乎执着的追求。据 Oldfather 统计，"自由"一词在《爱比克泰德论说集》中一共出现过 130 次之多，这是《新约》的六倍，马可·奥勒留《沉思录》的二倍。② 尽管爱比克泰德后来被释放成为自由人，成为尼禄皇帝的秘书，跃入权贵阶层，但是他的思想仍然具有浓厚的命定论色彩。他认为，每个人在社会中扮演的角色是命中注定的，所以服从神灵、顺应自然就是智慧和善的表现。

马可·奥勒留出生于罗马贵族家庭，从小便接受斯多亚派的哲学训练，一方面在希腊文学、绘画、法律等方面接受了当时最好的教育，另一方面学习过简单淳朴、吃苦耐劳的生活。奥勒留在孩提时就被指定为隔代

① 〔古罗马〕塞涅卡：《道德书简》，刘晴译，社会科学文献出版社，2021，第 247 页。
② 〔古希腊〕爱比克泰德：《爱比克泰德论说集》，王文华译，商务印书馆，2009，第 2 页。

继承人，成为罗马帝国"五贤帝"中的最后一位。但是，彼时的罗马帝国黄金时代已接近尾声，国内的自然灾害、瘟疫频发，东部和北部边境与外族的战争不断。作为一代贤君，奥勒留体恤民情、勤勉工作，为了稳定边境长期征战四方，立下了赫赫战功，以至于过度劳累而病倒军中，直到逝世也未能挽救摇摇欲坠的帝国。但是他作为一名哲学家的思想在他的著作《沉思录》中得以保存并流传于世，斯多亚派的哲思和精神也得以传承。奥勒留是爱比克泰德的忠实信徒，他称其可与苏格拉底和克里西普并驾齐驱。他在《沉思录》中用极其优美的语言表达了对于人生的悲观态度，他强调人生的转瞬即逝，命运不可预测，所以他宣扬公民应该服从命运、安于现状、忍受苦难。正如他所指出的，所有与躯体有关的都处于永恒变化之中，而所有与灵魂相关的也都犹如南柯一梦，镜花水月，所以要积极地应对所遇到的一切，也要平和地接受所拥有的全部，因为不管这些东西来自何处，其来源同样也是人类的本源。①

伊壁鸠鲁派和斯多亚派都把公民性视为个体的完整特性，体现了人作为宇宙城邦成员的特质，显示出人的第一身份来自城邦，公民是人与自然、人与他自身的唯一真实的关系，这是基于永恒法律的关系。这一时期的思想家对公民概念的再发现，促使他们重新理解政治与哲学的关系，他们认为有公民意识并且发展其公民意识的平民才是真正的哲学家，他们以个体的自由、责任和法度这些维度去分析共同体，形成了以法权为中心的国家观念。

第二节　中世纪公民政治德性思想

中世纪哲学一般特指以神学为形式、以基督哲学为主干的西方哲学史发展阶段，也是希腊哲学向西方近代哲学发展的重要环节。② 因此，本书研究的中世纪公民政治德性思想无疑将遵循中世纪哲学的发展脉络。

---

① 〔古罗马〕马可·奥勒留：《沉思录》，王燕珍、陈利红译，华中科技大学出版社，2016，第24-25页。
② 《西方哲学史》编写组：《西方哲学史》，高等教育出版社，2019，第111页。

一 历史背景

正如恩格斯所说:"中世纪把意识形态的其他一切形式——哲学、政治、法学,都合并到神学中。"① 公元313年,罗马帝国皇帝君士坦丁一世宣布基督教合法,基督教被立为国教,成为统治人民的工具,这对基督教的传播和发展起到了关键作用。在这种背景下产生了以"爱上帝并爱上帝之爱以获得来世幸福"为主要特征的信仰,其前提是信仰上帝的基督教文化。② 与封建社会意识形态的特点相适应,中世纪哲学始终贯穿着信仰和理性的矛盾、正统和异端的斗争,哲学研究和争论都采用神学的形式,在神学的范围内进行。随着基督教的影响日益扩大,西方政治哲学也开启了从城邦政治向神学政治的转变,思想家教导人们从世俗德性走向神学德性,认为只有这样人们才能从世俗不完善的幸福走向天国完善的幸福,因此当时的公民政治德性思想围绕按照上帝的戒律规则以获得灵魂的拯救展开,被蒙上了厚重的神学色彩。公元476年,日耳曼民族占领了罗马城,西罗马帝国灭亡,欧洲历史进入了黑暗时代。③ 日耳曼民族进入罗马后,纷纷占地为王,建立国家,并且不断向外扩张,这些王国互相兼并,长期处于战乱。

罗马总教会掌管了地方,教皇成了至高无上的权威,神权压倒一切,世俗权力服从于教权,教权高于王权,教会高于国家。教会对人们思想的统治达到了史无前例的程度,他们利用人们对世界极其有限的认知,严格控制科学思想的传播。面对这样一种对世俗和宗教二元划分的形式,统治者也划分出中世纪公民的两种身份,那就是神的"好基督徒"和皇帝的"好公民"。11世纪后,随着经济的复苏与发展、城市的兴起与生活水平的提高,人们逐渐改变了以往对现实生活的悲观绝望态度,开始追求世俗人生的乐趣,而这种倾向是与天主教的禁欲主义相违背的。随着意大利的港

① 《马克思恩格斯文集》第四卷,人民出版社,2009,第310页。
② 江畅:《西方德性思想的历史演进和基本特征》,《华中科技大学学报》(社会科学版)2012年第5期。
③ 《西方哲学史》编写组:《西方哲学史》,高等教育出版社,2019,第121页。

口、外贸等兴起，市场经济形态于13世纪在意大利出现，那时意大利的城市垄断了地中海贸易，手工业得到发展，产生了最初的资本形态。在这种背景下，公民政治德性思想更多被赋予了利益的色彩。由于庄园不能形成市民阶级，贵族资产阶级兴起，封建专制主义横行，不少资本家花钱买自主权，甚至买通国王，打破庄园的结构，一时间世俗国家和教会国家不断陷入战争。这一时期黑死病横行，十字军东征失败，教会越来越腐朽，天主教堕落，世风日下，时代黯淡无光，直到1453年拜占庭帝国正式灭亡。

二　演进过程

中世纪欧洲的公民政治德性思想是西方公民政治德性思想史上承接古今的转折点。

中世纪时期，教父哲学作为基督教最初的哲学形态，从古典时代的哲学，尤其是柏拉图主义和新柏拉图主义中汲取了大量的精神营养，强调以超理性甚至反理性的神秘信仰作为基本特点。在教父哲学中，一切哲学问题都采取神学的形式，最后达成的正统观点往往都具有超理性或反理性的神秘色彩。正如恩格斯指出："中世纪的历史只知道一种形式的意识形态，即宗教和神学"①。奥古斯丁是教父哲学中的代表人物，他将柏拉图的理念论、亚里士多德的形式学说与基督教的创世说结合起来，为基督教的教条提供哲学论证，创立了上帝创世说理论。他处处维护基督教信仰和教义，认为天国也要求政治德性。他在《忏悔录》中宣扬上帝恩宠的实质就是把信、望、爱注入我们的心中。在他的思想中，所有人都是上帝的子民，相应的只有上帝子民的德性（主要是信仰、希望和爱三种神学德性）。奥古斯丁主义集神学和哲学于一体，成为中世纪占主导地位的意识形态，对整个中世纪政治思想产生了深远影响。

托马斯·阿奎那是继奥古斯丁之后最伟大的基督教神学家，他的思想被誉为经院哲学的顶峰。他不仅继承了亚里士多德关于"人是政治的动物"的思想，还从古代异教作家马克罗比乌斯那里拿来了"人是社会的动物"的思

---

① 《马克思恩格斯文集》第四卷，人民出版社，2009，第289页。

想，将人理解为"政治的和社会的动物"。阿奎那把"公共幸福"（或译公共福利、公共利益、公益、公善）视为一个社会正义的目标所在。他认为，"公共的幸福不应有何期限，而是应当尽可能地永保不衰"。[①] 他推崇的理性的亚里士多德主义逐渐取代了神秘的柏拉图主义，成为经院哲学的主流形态，他的思想也日益取代奥古斯丁主义，成为权威的天主教官方哲学。阿奎那区分了伦理德性和神学德性，认为希腊人所说的智慧、坚毅、节制和正义的"四主德"是伦理德性，神学德性是意志遵循上帝启示和使徒教导而培养出的好习惯，即使徒保罗宣扬的信、望、爱。但阿奎那并没有继承亚里士多德关于公民及其政治德性的思想，在他的心目中，人仍然是服从上帝的子民，而不是独立自主的公民，当然也谈不上公民政治德性问题。

三　主要特征

中世纪是一个基督教及其神学占主导地位的时代，人们对于政治问题的讨论只能置于神学解释之下。这一时期的西方政治德性思想特征表现在以下几个方面：首先，政治德性思想的演变经历了一个否定之否定的过程。这一时期时间跨度大，周期长，经历了西方世界历史中的重要阶段，如黑暗时期，基督教、天主教教会统治时期。这一时期以神学为形式、以基督教哲学为主干，是希腊哲学向西方近代哲学发展的重要环节。中世纪的神学德性思想所论及的主体不是公民，而是上帝的子民，但子民的神学德性事实上具有政治性质，因为这些德性并不是纯粹个人的德性，而是人要进入天国所必须具备的德性，或者说，是人在上帝之城中生活必须具备的德性。但这种畸变很快就遭到文艺复兴时期人文主义者尤其是世俗政治哲学家的否定，他们在张扬人的世俗生活和幸福的同时，主张建立民族国家的重要性，并论及作为国家公民应具备的政治德性。尽管在神学的世界观中公民政治德性采取了子民政治德性的形式，但善恶之争仍然是道德与政治生活中的主旋律。总体上看，这个时期的政治哲学家在反思和批判前人理论的基础上对前人进行了超越，这种超越不是简单的否定，而是批判

---

① 〔意〕阿奎那：《阿奎那政治著作选》，马清槐译，商务印书馆，1963，第88页。

性继承和创新。其次，公民政治德性神学化。中世纪的神学家对公民政治德性进行了神学化改造，《圣经》将人的德性由"四主德"扩充为"七主德"，将君主德性的起源和获得归于上帝和天上之城。黑暗时代，由于神学对社会、思想等方面的严格统治，哲学沦为教会统治的工具，西方公民政治德性思想一度被湮没和中断。西方政治哲学家不再着眼于从宇宙本体探讨政治本性或本然，而是在基督教里求助上帝，把应然的政治方案推向彼岸世界。如奥古斯丁从既定的基督教教条出发为之提供哲学论证，马基雅维利从现象、经验出发探讨政治的实然本质等，从而为现实政治提供理论基础。最后，这一时期的思想家们注意到公民政治德性的不完美性。列奥·施特劳斯曾经评论道，耶路撒冷与雅典的差异代表了两种根本不同的道德准则或生活方式之间的冲突。① 亚里士多德强调与荣誉有关的、诠释灵魂伟大的公民德性，而在圣经中无论是上帝还是英雄都是谦卑的人，深深明白自己的不完美，并且被一种深深的罪恶和不足的意识所折磨，他们都是需要依靠圣爱的"圣经式"人物。

第三节　近代西方公民政治德性思想

近代以来，西方政治制度经历了新旧交替的历史时期，其间经历了资产阶级革命、封建王朝复辟以及自然科学的滥觞。在思想文化方面，西方经历了文艺复兴和启蒙运动，这些都为政治哲学的产生提供了必要的社会条件。这一时期的西方政治哲学坚持价值中立和道德中立的原则，造成了科学与价值的根本对立，市场经济的萌芽也让政治哲学家更多考虑哲学对于国家统治和社会秩序的作用，开始关注公民个人政治权利。

一　历史背景

始于 16 世纪晚期的市场经济使西方社会发展呈现逐利性的特点，自由

---

① 〔美〕史蒂芬·B. 史密斯：《政治哲学》，贺晴川译，北京联合出版公司，2015，第122 页。

主义和功利主义成为市场经济的重要特征，17 世纪产生了资本主义的萌芽。1609 年，荷兰建立了世界上第一个资产阶级共和国，成为"17 世纪标准的资本主义国家"。① 工业革命的兴起使欧洲进入工业资本主义时代，这一时期的特点是资本主义制度在世界得以确立，科学技术突飞猛进，市场经济获得极大发展，政治环境自由宽松，科学、艺术、文化、教育事业繁荣发展，世俗公民政治和民族国家异军突起。

对于近代西方公民政治德性思想影响最大的应数启蒙运动，启蒙运动是发生在欧洲 17—18 世纪的一场反封建、反教会的伟大的思想文化解放运动，它被认为是继文艺复兴之后的近代欧洲第二次思想解放运动。启蒙运动所宣传的天赋人权、三权分立、自由、平等、民主和法制等思想，直接推动了当时社会的革命。受功利主义、个人主义、利己主义思想的影响，欧洲思想家们对于公民政治德性的阐述具有鲜明的时代特征，他们更强调公民的权利，强调公民的自由状态，突出国家的民主特征，为现代社会公民政治德性思想奠定了理论基础。

二 主要观点

马克思说："资本主义时代是从 16 世纪才开始的"。② 欧洲文艺复兴运动、宗教改革运动和自然科学的革命是近代西方哲学形成和发展的思想文化背景。欧洲文艺复兴时期带来了公民政治德性思想的发展。作为代表人物——布鲁尼不再局限于基督教神学思想，他将政体与公民德性联系起来，认为共和政体可以促进公民的德性，政体在孕育公民德性方面的作用是衡量政体最为重要的标准。③ 这无疑扩大了公民政治德性思想的内涵和外延。马基雅维里的君主德性思想成为了公民政治德性思想的有益补充。他在《君主论》这部著作中论述了作为国家公民的领袖——君主应该具备使国家兴旺的美好品德，他认为，"君主要有显得慈悲为怀、笃守信义、

---

① 《马克思恩格斯文集》第五卷，人民出版社，2009，第 861 页。
② 《马克思恩格斯文集》第五卷，人民出版社，2009，第 823 页。
③ 〔意〕布鲁尼：《论佛罗伦萨的政制》，郭琳译，《政治思想史》2015 年第 3 期。

合乎人道、清廉正直、虔敬信神"① 五种美德。同时他在另一部著作《论李维》中，强调美德对于城邦的重要性，他认为一个城邦要保持政治自由，成就伟大事业，就必须使全体公民具有美德，这种美德主要是指能够将国家利益置于个人利益之上。诸如，"优秀的公民应当爱国而不计私仇"②。由此我们可以看到，文艺复兴时期的公民政治德性思想又重回古典时期重视个人德性、社会德性和城邦德性的状态，这种思想流变有人称之为"亚里士多德主义"。

从文艺复兴到启蒙运动，这个时期的启蒙思想家们忙于为自由、平等、民主、法治、市场呼喊和论证，由博丹、霍布斯和洛克发明的现代政治语言，诸如国家、主权、自然权利等新的政治概念开始走上政治舞台。启蒙运动倡导用理性之光驱散愚昧的黑暗，有力地批判封建专制主义、宗教愚昧与特权主义，宣传自由、民主和平等思想，极大地解放了人们的思想。在这场声势浩大的思想启蒙运动中，一批法国思想家在哲学、政治、道德和宗教等领域高举理性的大旗，要求用理性的尺度重新衡量一切事物的价值，批判和抨击一切权威，促进了公民政治权利思想的兴盛。

霍布斯是第一位认为主权者的合法性应该来自公民的近代西方哲学家，他提出了现代政治哲学的原则。他把关于国家的哲学称为公民哲学，他在他的第一部政治学作品《论公民》中论述了市民社会之前的人与人之间的状态是始终处于一种可怕的战争状态，"大规模的、持久的社会的起源不在于人们相互的仁慈而在于相互的恐惧"③。他论述了从"霍布斯状态"转变成市民社会的关键是建立一个"利维坦"，即国家。国家为公民而存在，目的是保障社会契约中的每个人（臣民）的安全、和平。他的代表作《利维坦》阐述了统治者拥有的统治权力——惩戒权，即统治者可以用惩戒权来维护社会的公平正义，"企图废黜主权者的人，由于这种企图而被他斩杀或惩办时，他也是自己所受惩办的授权者，因为按约建立国家

---

① 〔意〕马基雅维里：《君主论·李维史论》，潘汉典译，商务印书馆，1985，第85页。
② 〔意〕马基雅维里：《论李维》，冯克利译，上海人民出版社，2005，第438页。
③ 〔英〕霍布斯：《论公民》，贵州人民出版社，2003，第6页。

后，他就是主权者所做的一切事情的授权人"①；同时，国家还有立法权，法律规定了什么是善、恶、公正、非公正、诚实以及虚伪，"这些有关我的、你的，（即私有财产权）以及臣民行为中的善、恶，合法与非法的规章便是市民法，也就是每一个国家各自具有的法律"。② 霍布斯主张主权者的权力至高无上，同时承认臣民的自由，而臣民也不等于封建主义的附属，他们是资本主义公民的雏形。这种"君权民授"的思想和社会契约学说，尽管带有一种假想的色彩，但是仍奠定了西方近代公民政治哲学的基础。

斯宾诺莎把自由看作他政治哲学中最关心的主题，不仅追求个人的思想自由，而且论证了政治自由的必要性，他认为"政治的真正目的是自由"③，因此，他认为的理想国家是一个通过契约建立起来的自由民主共和国。个人服从国家是基于某种道德原则，因为个人已经同意放弃自己的自然权利，同意将它让渡给国家并且服从国家统治，所以个人不应该违背自己的承诺。在市民社会或国家中，一个人服从国家的法律，表明他是一个真正的自由人。斯宾诺莎倡导社会契约论，提倡民主政治，主张天赋人权，捍卫公民信仰自由、思想自由和言论自由，顺应了资产阶级革命的需要。

洛克是西方自由主义和民主政治理论的创始人。洛克实现了政治哲学正义传统的局部重建，他提出"三权分立"的思想是近代公民政治德性思想的重要基础。洛克针对"霍布斯状态"进行了修改，提出了"洛克状态"理论。洛克的政治哲学实现了政治哲学正义传统的局部重建，他在《政府论》中提出的"三权分立"思想，是其公民政治德性思想的重要基础。他指出，人类的自然状态应是一种"有自由、有平等、有自己财产的状态"④，市民社会是人们为了更加正义地生活而联合起来的社会共同体。自然法规定了人的权利和义务，这种道德上的权利和义务是人的内在本质，是先于法律而存在的。洛克认为正义作为一种内在的品质或德性，是

---

① 〔英〕霍布斯：《利维坦》，商务印书馆，1985，第 133-134 页。
② 〔英〕霍布斯：《利维坦》，商务印书馆，1985，第 138 页。
③ 〔荷〕斯宾诺莎：《神学政治论》，温锡增译，商务印书馆，1963，第 272 页。
④ 〔英〕洛克：《政府论》（下篇），叶启芳、瞿菊农译，商务印书馆，1964，第 3 页。

基于习惯的培养，他仅把正义视为众多德性中的一种，对于政治秩序而言，正义是最大的和最难的义务，当正义得以确立，其余的德性或义务就不再困难了。因此，洛克强调公民的安分守己，不要觊觎他人的财产。这些为后来法国启蒙思想家孟德斯鸠提出资产阶级三权分立学说奠定了基础，欧美的资产阶级革命深受洛克政治思想的影响。

始于16世纪晚期的市场经济给西方社会的发展带来了逐利性的特点，自由主义和功利主义成为市场经济的重要特征，这一特征到18世纪更为明显，这时期的思想家们更加强调社会的自由、平等、法制、秩序，而对公民个人方面的德性关注较少，公民个人德性更强调对社会的德性贡献。

18世纪的启蒙运动是17世纪哲学与科学精神的继续，在这场声势浩大的启蒙运动中，一批法国思想家在哲学、政治、道德和宗教等领域高举理性大旗，这一时期的法国哲学具有鲜明的特色。恩格斯认为，"这些法国唯物主义者却使18世纪成为一个以法国为主角的世纪"[1]。

法国启蒙思想家卢梭出身于平民阶层，从小过着流浪的生活，他体验到了社会的不公平和苦难，为最广大的平民、裁缝、雇工、流浪汉等写作，他的著名作品《论人类不平等的起源和基础》《社会契约论》《爱弥儿》《忏悔录》等都反映出丰富的公民政治德性思想。卢梭认为，好的政治制度造就的是具有美德而幸福的公民，坏的政治制度造就的是邪恶而不幸的人，因而，公民美德可以通过公民教育来实现。在他看来，个体被称为"公民"，公民最重要的美德主要体现在以下几个方面：公民要有强烈的爱国情怀，能够将自己的个人利益置于集体利益之下，并自愿将自己的全部力量、自由和权利奉献给共同体；公民从属于某个特定的政治共同体，绝对不是世界主义者；公民能够积极自愿地参与公共事务；公民应遵守体现着公意的法律，并自愿将公意作为自我行动的准则。

市场经济的发展使整个西方社会呈现功利性和逐利性的特点，哲学家们越来越采取经验论的致思方式，更加强调对现实政治具有的修补性和诊疗性理路，这样的结果直接让公民政治德性思想变为现实政治规导的经验

---

① 《马克思恩格斯文集》第三卷，人民出版社，2009，第504页。

性政治理论，使其服从和服务于社会秩序，丧失了独立性和主体性，并走向衰落。

比如，边沁提出了应以"最大多数人的最大幸福是正确和错误的衡量标准"① 的功利原则，他认为只有功利原则才能说明一切政治现象，因此，评价一个政治的行为是否正确，就要看它对最大多数人的最大幸福是否有所增进。约翰·穆勒对边沁的功利主义进行了政治层面的升华，他认为功利主义应是利他的，或公众幸福先于个人幸福的。"幸福是一种善：即每个人的幸福对他本人来说都是一种善，因而公众幸福就是对所有人的集体而言的善。"② 同时，他还对自由进行了界定，他一方面强调个人拥有在不涉及他人利益之下的绝对行动自由，另一方面也强调个人应该负责并承担社会或法律的惩罚。

随着主权国家的发展，思想家们越来越强调公民理性道德，强调爱国主义与合理的利己主义，同时注重把遵守法律作为公民德性的重要部分。1835 年托克维尔发表的《论美国的民主》奠定了他作为民主问题首要分析者之一的地位。托克维尔认为民主制推动原则的社会条件是平等，这指明了公民追求平等和自由的方向。他还阐述了美国的分权制度为公民参与政治、在政治生活中发挥主观能动性提供了现实条件，公民政治德性在政治活动的参与过程中得到提高，③ 比如，在参与地方治理的过程中学会承担作为自由公民所应承担的责任，在参与制定法律的过程中学会尊重法律权威。同时托克维尔也提出从构成民主时代特征的个人主义精神中培育出公德意识，建立公共道德和爱国主义，造就好公民，并用共同的福利增进公民个体的福利。他鼓励个人与社群、私利与公益可以相得益彰，强调公民在利他的同时也在利己，向善的同时也是为己。④ 这对于准确理解公民的理性道德，构建起能为绝大多数公民所接受的政治道德原则具有重

① 〔英〕边沁：《政府片论》，沈叔平等译，商务印书馆，1996，第 92 页。
② 〔英〕约翰·穆勒：《功利主义》，徐大建译，上海世纪出版集团，2008，第 36 页。
③ 〔法〕阿历克西·德·托克维尔：《论美国的民主》，吉家乐译，中国华侨出版社，2014，第 53 页。
④ 〔法〕阿历克西·德·托克维尔：《论美国的民主》，吉家乐译，中国华侨出版社，2014，第 345 页。

要意义。

黑格尔哲学是西方古典唯心主义哲学的顶峰，也是西方传统哲学中的理性主义精神之集大成者。黑格尔认为，在市民社会中，虽然国家的调节权是绝对的，但这些调节权绝对不会对市民经济生活的权利构成侵犯和伤害，人们可以通过理性的方式来参政。国家不是由单个的原子个体所组成，而是需要经过社会组织的"中介"才能获得在国家中的公民身份，以及由此带来的国家认同和崇高地位。"作为个体性的国家是一种排外的单一体，因此这种单一体要和其他单一体发生关系，从而使自己的差别和外部相适应，并根据这种规定使自己内部的各种差别巩固地存在于它们的理想性中。"①

奥克肖特是英国著名的哲学家和政治思想家，他是一位有着保守主义倾向的自由主义者。奥克肖特把公民遵守法律看成公民参政议政的重要德性，公民对法律的规范同意与否是决定有关法律是否有效的理据，遵守法律的责任也不会因为违规者愿意接受法律的惩罚便失效。②

三　主要特征

这一阶段公民政治德性思想具有明显的时代特征。

第一，强调政治德性服从于国家政治统治。思想家们更加强调社会的自由、平等、法制、秩序，他们不再关注公民个体德性的圆满，而是更注重国家管理和社会秩序对于公民的道德要求，强调公民政治德性应服从于国家政治统治，强调对社会的德性贡献，而对公民个人方面的德性关注较少。

第二，主张在参政过程中完善德性。随着人们民主意识的提升，思想家们从关注公民内心品德的养成逐渐转移到重视公民个人在参政过程中的德性完善，鼓励公民在参政过程中实现德性是这个时期最明显的特征。例如，托克维尔强调在民主的过程中让公共利益和私人利益可以相得益彰；

---

① 〔德〕黑格尔：《法哲学原理》，张企泰、范扬译，商务印书馆，1961，第 322 页。
② 〔英〕奥克肖特：《政治中的理性主义》，张汝伦译，上海译文出版社，2004，第 179 页。

黑格尔认为在市民社会中，人们可以通过理性的方式来参政；奥克肖特则把公民参政议政的能力视为个人德性的层次。

第三，彰显爱国主义的重要性。现代国家的兴起使国家权威建立，现代国家之所以如此强大是因为它可以充分调动全社会的资源，公民只有发自内心地认同国家，才会把国家当作最高权威，自觉服从国家命令，并且愿意为其奉献。因此，思想家们越来越强调爱国主义。比如，托克维尔把爱国主义作为衡量好公民的重要标准，黑格尔也认为在市民社会中，公民政治德性的重要体现是国家认同。

第四节　当代西方公民政治德性思想

一　历史背景

西方近现代社会的经济基础是市场经济，20 世纪的两次世界大战给社会和环境带来巨大的损害：大量的人力物力遭受损失，社会发展水平严重倒退，由战争而引发的饥饿、环境污染问题层出不穷。这些可怕的社会效应使思想家们痛定思痛，开始反思近代以来西方构建的主流社会价值观和主流意识形态的合理性，以及市场经济的最大化利益原则可能会给个人生活和整个社会生活带来冲击。20 世纪 50 年代，世界秩序面临着前所未有的挑战：经济上，市场经济虽然创造了大量的社会财富，但是由于分配不均，无法实现平等价值，阶级冲突和社会撕裂现象不减反增；政治上，社会主义国家的成立进一步鼓舞了工人阶级的斗志；国际上，民族主义情绪持续高涨，殖民地国家谋求独立、解放的斗争日趋激烈。在西方市场经济和功利主义的影响下，德性伦理学阐发的德性思想唤醒了西方社会沉睡了几个世纪的德性意识，人们开始认识到单向度的人并不是人生的全部意义所在，人的生活不只是拥有物质和资源，更在于个体的幸福。而这种幸福不只在于欲望的满足，还在于作为整体的生活的各方面的好。[1] 这一时期

---

[1]　江畅：《西方德性思想史》，人民出版社，2018，第 19 页。

的思想家们开始将政治德性作为整体的人的生活部分，强调自由是人生活的应有前提，将自由和权利作为人生活的整体性来进行构建。

当代西方政治哲学研究围绕正义、平等、法治、权利、权力、自由、和谐等分门别类展开，公民政治德性思想也在其中。当代西方公民政治德性思想的历史演进既是具体的，又是复杂的。两次世界大战以来形成了稳定的国际秩序和世界格局，当代西方政治哲学产生了许多流派，由于各种流派所主张的基本政治价值、基本政治制度和基本政治生活方式极为不同，它们之间的对立较为明显，自由主义、保守主义与激进主义之间互相攻击，各自为自己解决现代问题的主张辩护的现象层出不穷，但也并不意味着它们之间永不相关。

20世纪80年代以来，随着市场经济的发展，在资本的作用下，世界全球化信息化趋势明显，各国越来越趋向于一个"你中有我，我中有你"的世界共同体。如果说在20世纪70年代，政治哲学的中心概念是正义和权利的话，到了20世纪80年代，关键词变成了共同体和成员资格，到1990年的公民资格理论成为思想家们在所有政治领域中的行话。这种思想的演进不仅源于政治哲学理论的发展，也与全球范围内一系列政治事件直接相关。例如，西欧国家对社会福利的严重依赖，东欧民族主义运动的复兴，苏联的解体，恐怖主义、民粹主义抬头，对于全球化的不满以及民族主权的削弱等。

同时，这些事件表明现代民主制的健康和稳定不仅依赖于基本制度的正义，而且也依赖于民主制下公民的素质和态度。例如，公民自身在全球化背景下的身份认同，公民如何看待潜在竞争的其他民族、地区、种族或宗教的身份；公民为了促进公共利益以及为了使政治权威承担责任而参加政治活动的愿望；公民在自己的经济需求上以及在面对环境和健康的其他个人选择上表现出来的关系取舍。康德认为，即使是一群魔鬼也可以解决。然而，事实是仅有平衡个人利益的制度机制远远不够，公民必须要有一定水准的品德和公共精神。因此，各国政府纷纷花大力气研究如何提升公民品德，反映公民政治德性思想的公民资格理论自20世纪90年代开始逐渐取代正义论成为西方政治哲学的主导思想。

二　演进过程

从 20 世纪开始，西方思想家们将政治德性当作整体的人的生活部分，强调自由是人生活的应有前提，将自由和权利作为人生活的整体性来构建。思想家们认为公民政治德性与实践理性互相依赖，正是因为公民有诸如慷慨、忠诚、公正、诚实和勇敢这样的德性，社会才具备理性社会的潜能。面对社会的各种不平等问题，正义问题被提高到公民政治德性的首要地位。

列奥·施特劳斯在中国学术界享有盛名。施特劳斯毕生都在解读政治哲学，在施特劳斯看来，西方政治哲学可以马基雅维里划界，古典政治哲学强调"善先于德性"，也就是德性服从于政治，他强调把道德看作一种政治上有用的工具。在他看来，正义的问题在公民政治德性中居于首位，因为正义或法律是用以判断个人、家庭和政治社会应该做什么或者什么是正确的生活方式的最高准则。他认为人类与生俱来的社会性，除了需要与其他人共享生活外，还表现出一种自然的共同善，这种善表现为相互友爱、同情与关心。施特劳斯还认为，从勇敢或战争美德开始向上排列，经过节制和慷慨，直到艺术鉴赏、自豪、高雅的智慧、诚实及友谊，它们逐级指导人们在政治生活中的公共善。①

罗尔斯被誉为"20 世纪最伟大的政治哲学家"，他数十年如一日地探索正义的主题，并潜心构筑一种理性性质的正义理论，提出了"公平的正义"② 理论，他三易其稿撰写《正义论》一书，终成 20 世纪下半叶政治哲学领域中最重要的著作之一，同时也宣告了正义话语成为规导时代的主体话语。在近现代西方思想家那里，正义的概念越来越多地被专门用作评价社会制度的一种道德标准，被看作社会的首要德性，罗尔斯试图将亚里士多德的至善观念最大化，发展为人类的整体至善，提出了正义成为达到至善目标的手段。罗尔斯进一步概括了以洛克、卢梭、康德等为代表的契约

---

① 〔德〕列奥·施特劳斯、〔美〕约瑟夫·克罗波西编《政治哲学史》（第三版），李洪润等译，法律出版社，2020，第 1140 页。

② 〔美〕约翰·罗尔斯：《正义论》，何怀宏等译，中国社会科学出版社，2009，第 5 页。

论，使之上升到更高的抽象水平，并由此提出了他的"公平的正义"理论：第一个原则是平等自由的原则，第二个原则是机会的公正平等原则和差别原则的结合。第一个原则优先于第二个原则。这两个原则的要义是要完全平等地分配各种基本权利和义务，尽量平等地分配社会合作所产生的利益和负担，坚持各种职务和地位平等地向所有人开放。所谓"公平的正义"即意味着正义原则是在一种公平的原初状态中被一致同意的，或者说，意味着社会合作条件是在公平的条件下一致同意的，所达到的是公平的契约，所产生的也将是公平的结果。①

哈贝马斯将交往理性的概念运用于政治生活中，强调在公民道德基础上的公民参与，"一方面作为政治公共领域的承担者，一方面作为社会的成员，公民同时具有两个身份"。② 哈贝马斯重视公民道德和公民参与，更加突出公民在当今社会政治、经济、文化等各个领域的主体地位和重要作用。

1981 年，麦金太尔出版《德性之后》一书，标志着西方德性伦理学的复兴。麦金太尔尖锐地批评规则伦理观念，认为正是丢失了亚里士多德的德性政治伦理观，才带来社会发展中的现实危机与人格扭曲。麦金太尔重拾起被长期忽视的德性问题，主张德性回归。"德性与法律还有另一种非常关键的联系，因为只有那些具有正义德性的人才有可能知道怎样运用法律"③。麦金太尔的主张在当代条件下尽管难以实现，但无疑是对权利中心观的一种有益修正。

诺齐克式的个人私有权利彰显了国家中的公民个人，强调个人是国家中真实的实体，提倡国家为公民服务。"支配性的保护机构并不认为自己是这种权利的唯一所有者，而是承认每个人都有这种权利。"④ 而以桑德尔为代表的社群主义思想在诺齐克的个人私有权利基础上有更大的进步，他

① 〔美〕约翰·罗尔斯：《正义论》，何怀宏等译，中国社会科学出版社，2009，第5-6页。
② 〔德〕尤尔根·哈贝马斯：《在事实与规范之间》，童世骏译，生活·读书·新知三联书店，2003，第452页。
③ 〔美〕麦金太尔：《德性之后》，龚群、戴扬毅等译，中国社会科学出版社，2020，第193页。
④ 〔美〕罗伯特·诺齐克：《无政府、国家与乌托邦》，何怀宏译，中国社会科学出版社，1991，第114页。

关注培养公民美德和维护共同体，这种公民与共同体之间的关系体现在公民的身份、牺牲和服务与新型的善的共同体密切相关，一个社会想要达到公正的理想状态，公民表现出较强的社会共同感，那么它就必须找到一种方法能够为共同善奉献力量，能够使公民关心全局；必须找到一种途径来反对那些将良善生活观念狭隘化的做法，必须找到一种方式来培养公民德性。"没有德行，自由无法幸存；而德行总是倾向于腐化，因此共和政治所面对的挑战就是去形成或革新公民的道德品质、强化公民对共同善的归附。"① 社群主义强调"公共善"的公民理论，主要包括三个方面：一是强调"公共善"是社会成员追求美好生活的共同价值目标；二是公民对其所属政治社群的认同感和归属感，主要表现为对国家的忠诚和认同；三是公民对公共事务积极主动的参与意识和能力，强调社会成员在社会的共善中实现自己的人生价值。社群主义的公民德性强调社会、国家优先于个人而存在，强调公民的责任义务以及公共服务的角色，鼓励社群成员选择与社群共善价值相符的生活方式，认为爱国主义是每个公民的必备美德。

思想家们思考是从哪里学到的这些公民品德。一种强调市民社会中各种组织和机构的重要性，并把市民社会看作"公民品德的温床"，公民正是在其中学到了自我约束、合作与责任等观念；另一种则认为是对于某种正规公民教育的需要。比如，艾米·古特曼就曾在《民主教育》一书中对这个话题进行过探讨，他认为正规公民教育可以补充和完善在市民社会中所学到的东西。"一个民主国家的教育对优良生活的择取做出了限定，这不仅是必然会发生的，而且还是出于对公民美德的关切。"② 关怀伦理学则使基本的道德问题发生了转移：从"什么是最好的原则"转向了"个人如何才能最好地具备道德行为能力"。当代康德主义的代表人物奥尼尔将德性划分为必要德性、实在的社会德性、超出责任之外的德性、自由选择的德性或卓越，这些德性体现在公民政治德性中的作用是明显的。他对公正与德性之间的关系进行了建构，认为公正的德性作为一种必要的德性，不

① 〔美〕迈克尔·桑德尔：《民主的不满：美国在寻求一种公共哲学》，曾纪茂译，江苏人民出版社，2012，第149页。

② 〔美〕艾米·古特曼：《民主教育》，杨伟清译，译林出版社，2010，第45页。

仅包括公正本身，也包括公平、宽容、尊敬他人、忠诚、正当、真实和真诚的各种形式。① 佛沃斯赞成亚里士多德的观点，认为德性与实践理性之间的关系是相互依赖的，他从德性心理学的角度，向心理学家和其他精神健康专业工作者发出号召，要求他们认识到德性在社会互动中的实在性，他认为正是因为公民有诸如慷慨、忠诚、公正、诚实和勇敢这样的德性，社会才具备理性社会的潜能。桑德尔的社群主义将正义与善联系起来，认为正义原则及其证明取决于它们所服务的那些目的的道德价值或内在善。②

三　主要特征

细数 20 世纪的政治哲学家，几乎全部经历过第二次世界大战的洗礼。在这样的时代背景下，政治哲人开始苦苦思索人类的前途和国家的命运，尽管他们对于公民政治德性的立场不同，但是正义、平等、自由仍然是不变的主题。综观 20 世纪中叶以来的西方公民政治德性思想研究，这一时期产生了丰富的理论成果，具有以下主要特征：

第一，具有强烈的现实针对性。这是与当时的时代背景息息相关的。第二次世界大战后，在德国纳粹所代表的极权主义留下的废墟上，以阿伦特为代表的政治思想家，孜孜以求对这一灾难作出解释。社会变迁加剧，各种问题层出不穷，如贫富差距加大，种族歧视严重，环境恶化等，公民政治德性被赋予了更多的现实意义。这些问题的解决不仅需要公民具备高度的社会责任感和政治责任感，而且需要公民积极参与社会公共事务，推动社会进步与发展。同时，全球化浪潮的兴起也使得公民政治德性的现实性和针对性更加突出。在全球化背景下，各国之间的交流与合作日益密切，作为公民需要具备更加开放、包容、合作的精神，以应对跨国问题的挑战。

第二，将正义置于公民政治德性的首位。从古希腊时期开始哲人们就非常重视正义问题，在人类经历了两次世界大战后，正义问题被提高到居

① 江畅：《西方德性思想史》，人民出版社，2018，第 777 页。
② 转引自周濂《西方政治哲学史》，中国人民大学出版社，2019，第 467 页。

于首位的位置。施特劳斯作为誉满天下的学者，他认为正义的德性应在公民政治德性中居首要地位；罗尔斯这位毕生都在研究正义的政治哲学家，也认为正义不仅仅应作为公民个人的德性，而且应该成为社会的首要德性。因此，在罗尔斯之后，正义的概念越来越多地被专门用作评价社会制度的一种道德标准。

第三，着眼于政治民主建构公民政治德性。为了回应现代多元社会的现实，政治哲学家们关注公民与国家之间的关系，意图弄清楚哪些公民政治德性能够维系民主制的持续繁荣。按照威廉·高尔斯顿的解释，负责的公民资格要求要有四种类型的公民品德。第一，一般品德：勇气、守法、诚信；第二，社会品德：独立、思想开通；第三，经济品德：工作伦理、能约束自我满足、能适应经济和技术变迁；第四，政治品德：能弄清和尊重他人的权利、有提出适度要求的意愿、有能力评价官员的表现、有从事公共讨论的意愿。① 除此之外，思想家们还关注公民的参与问题，甚至是公民在政治生活中扮演的政治角色问题，比如特指与现代多元的自由主义民主制度相关的品德，关涉自由主义政体的基本原则和政体中公民的政治角色，不仅包括公民质疑政治权威的能力和愿望，也包括从事与公共政策相关的公共事务的参与能力和愿望，它是赋予当代公民政治德性的核心意义所在。

第五节　中国政治德性思想

中国古代的思想家高度重视道德问题，不仅关注个人的道德问题，而且也关注君主的道德品质，甚至以家、国、天下、民众一体为研究对象，以社会和谐为研究取向，重点关注"道与德""理想人格与理想社会""平等与等级""家国天下的关系""王道与霸道""尚民爱民与人民至上""内圣外王与人民民主""德治、礼治、法治"等重点问题，② 留下了丰富

---

① 〔加〕威尔·金里卡：《当代政治哲学》，刘莘译，上海译文出版社，2015，第365-366页。
② 江畅：《中国政治哲学重点关注的八大问题》，《湖北社会科学》2023年第2期。

的政治道德理论遗产。这些问题既有鲜明的中国特色，又有普遍的理论意义，对于我们今天的政治哲学研究仍具有重要的借鉴意义。

一　中国古代思想家的政治德性思想

传统的中国是一个建立在农耕社会基础上的封建王朝国家，国家的长治久安依赖于民心向背，中国传统的思想家不像西方思想家那样关注制度安排，而是更多地关注个人的、君主的道德品质。此外，在中国思想家的观念中，民众不是权力的主体，而是被理解为政治统治的对象，所以民众的安乐与否是政治秩序能否稳固、国家治乱兴衰的关键。"民为邦本，本固邦宁"是传统民本思想的典型体现，家庭和睦、国家兴盛、天下太平、民众喜乐四位一体的完整社会理想的构建，是历代思想家孜孜以求的民乐、家齐、国治、天下平的政治哲学思想体现。

夏、商、西周三代直接保留下来的历史文献，主要有《易经》和《诗经》。《易经》是包含博大精深哲学思想的历史文献，它给中国的政治哲学提供了丰富的本体论基础，其中"天人合一""自强不息""厚德载物""尊道贵德"等诸多理念奠定了中国古代政治德性思想的基础。《诗经》作为一部诗歌总集，其中蕴含了丰富的政治德性思想。"普天之下，莫非王土；率土之滨，莫非王臣"体现了朴素的天下观，"硕鼠硕鼠，无食我黍"反映了劳动人民对剥削者的痛恨以及对美好生活的向往。《尚书》记载了仁君治民之道和贤臣事君之道，以天命的观念解释历史兴亡，其中蕴含的敬德和重民的思想为中国传统政治德性思想提供了基本遵循。

《论语》被奉为儒家经典著作之一。尽管《论语》只是一些简单的对话，但其中的思想已成为中华民族的精神基因，《论语》中多处记载了孔子的政治德性思想，尤其是《为政篇》集中讲述了修身、齐家、治国、平天下的至理名言。其中，孔子论述君王的德性应"为政以德，譬如北辰居其所而众星共之"[1]，君王应以德修养，以身作则，用道德去教化普通大众。孔子论述君王执政的基本原则，应"道千乘之国，敬事而信，节用而

---

① 《论语》，陈晓芬译注，中华书局，2016，第11页。

爱人，使民以时"①，即要求统治者严肃认真地处理国家事务，恪守信用；节约用度，爱护官吏；役使百姓应注意不误农时等，这是治国安邦的基本点。孔子向来主张"礼治"和"德治"，强调执政者在执政过程中要重视道德教化的作用："道之以政，齐之以刑，民免而无耻。道之以德，齐之以礼，有耻且格"②。《论语》中多次提到君子，在孔子的口中，君子是指有德性的人，即具有高尚人格的人，这样的人"贤贤易色；事父母，能竭其力；事君，能致其身；与朋友交，言而有信。"③ 君子专心致力于根本的事务，根本建立了，治国做人的原则也就有了，即"君子务本，本立而道生"④。正如子贡所言，"夫子温、良、恭、俭、让以得之。夫子之求之也，其诸异乎人之求之与？"⑤ 孔子获闻各国政事的方法是凭借温和、善良、恭敬、俭朴、谦让而得到的，他认为，人格道德修养都具备的人，他的诉求就很容易实现。

墨子倡导构建一个"兼相爱，交相利"的理想社会，他的兼爱思想还体现在战争攻伐上，不仅在理论上倡导"非攻"，他还积极游说各国为政者，挽救无数黎民百姓免遭战争之苦，充溢着对于人民生命的珍爱。孟子高度重视个人的德性修养，强调士人、贤人、君子、圣王的"官身"之修。孟子认为王道具有道德规定性，即以德行仁者王。道德品质优良的君主以符合道德原则的方式来统治民众。"初命曰，诛不孝，无易树子，无以妾为妻。再命曰，尊贤育才，以彰有德。三命曰，敬老慈幼，无忘宾旅。四命曰，士无世官，官事无摄，取士必得，无专杀大夫。五命曰，无曲防，无遏籴，无有封而不告。"⑥ 同时，孟子还认为，仁义礼智的美德是人本来就具有的："恻隐之心，人皆有之；羞恶之心，人皆有之；恭敬之心，人皆有之；是非之心，人皆有之。恻隐之心，仁也；羞恶之心，义也；恭敬之心，礼也；是非之

---

① 《论语》，陈晓芬译注，中华书局，2016，第3页。
② 《论语》，陈晓芬译注，中华书局，2016，第11页。
③ 《论语》，陈晓芬译注，中华书局，2016，第4页。
④ 《论语》，陈晓芬译注，中华书局，2016，第2页。
⑤ 《论语》，陈晓芬译注，中华书局，2016，第6页。
⑥ 《四书五经》（第二册），线装书局，2014，第323页。

心，智也。仁义礼智，非由外铄我也，我固有之也，弗思耳矣。"①，孟子还提出统治者必须"与民同乐"的主张，"乐民之乐者，民亦乐其乐；忧民之忧者，民亦忧其忧。乐以天下，忧以天下，然而不王者，未之有也"。②荀子强调天人相分的天下观，强调个人修为基础上的圣道、君道、国道。

老子的思想中蕴含着丰富的政治德性思想，其所著的《道德经》是我国首部完整的哲学著作。它虽然只有五千字，八十一章，但文约意丰、字字珠玑、句句精辟。其中对于"道"与"德"的阐述体现了朴素的辩证唯物主义哲学观，对于君主的作用与君主权力的阐述体现了无为的思想，"是以圣人处无为之事，行不言之教"③。相传老子比孔子年龄要长，孔子长期仰慕老子的学识，曾向老子问道并得道。从这个角度来讲，孔子的思想受老子所影响。老子认为，圣人之治是无为而治的思想，"不尚贤，使民不争；不贵难得之货，使民不为盗；不见可欲，使民心不乱。是以圣人之治，虚其心，实其腹，弱其志，强其骨，常使民无知无欲。使夫知者不敢为也。为无为，则无不治"④。所以圣人治世，按照"无为"的原则来做事，那么天下就没有什么治理不好的了。老子主张行不言之教，行无为而治，让百姓自己发展自己，这才是有智慧的做法。"圣人恒无心，以百姓之心为心。善者善之，不善者亦善之，德善也。信者信之，不信者亦信之，德信也"⑤。此外，老子还认为，所有伟大人物，都是"后其身"又"外其身"的，他们心怀兼济苍生的博爱，不顾及个人名利和生死，一心为公，最后反而超越平凡，成就了自己的伟大，"是以圣人后其身而身先，外其身而身存"⑥。

庄子论述了以人性为依据的无为政治，强调君无为而臣有为。管子认为人应有礼义廉耻，同时他还强调德教在人的道德教化中所起的重要作用，应注重教化与刑赏双管齐下。韩非子论述了道、理、法与君主权力的约束，强调对于君主立法权与执法权的约束。

① 《四书五经》（第二册），线装书局，2014，第307页。
② 朱熹：《四书章句集注》，中华书局，2011，第201页。
③ 《老子》，汤章平、王朝华译注，中华书局，2014，第8页。
④ 《老子》，汤章平、王朝华译注，中华书局，2014，第12页。
⑤ 《老子》，汤章平、王朝华译注，中华书局，2014，第193页。
⑥ 《老子》，汤章平、王朝华译注，中华书局，2014，第27页。

此外，《淮南子》中内圣外王的思想；董仲舒关于"三纲五常"的思想；《礼记》中的礼义与礼数、天下为公的思想，修身齐家治国平天下的思想；《白虎通义》中论述的君道与臣道，以及"三纲六纪"的思想；范仲淹的"先天下之忧而忧，后天下之乐而乐"的思想；张载"为天地立心，为生民立命，为往圣继绝学，为万世开太平"的知识分子情怀；朱熹格物致知以及《朱子家训》的教化哲学；陆九渊的心学政治哲学；王阳明的立德立功立言；黄宗羲对"仁义"与"事功"统一性的强调；顾炎武对君主专制制度的批判，对于君、臣、民关系的论说；王夫之对于道德、人性的哲学思考，"日生日成"的人性论、"理欲皆善"的理欲观、"义利兼顾"的义礼观等都反映了中国传统社会中丰富的政治德性思想。这种政治德性思想伴随着中国传统政治哲学的理论化、经学化、理学化、现代化的过程而不断演进。

二　近代中国思想家的政治德性思想

近代以来，鸦片战争的爆发使中华民族陷入了严重的内忧外患，人们处于水深火热的生活状态，在精神上一度处于不自信、不独立、不自主的境地。历史上，宋明理学家建立了以"天理"为核心的本体论，这是与先秦儒家一脉相承的宇宙本体论思想，在宋明理学家的基础上，近代思想家们在中西文化融汇碰撞、民族生存危机日益深重的紧要关头仍然高度关注政治德性，并为他们提出的政治德性思想提供论证和辩护。这些政治德性思想既源自他们的政治哲学思想，更源自中华民族一以贯之的家、国、天下一体的情怀。

鸦片战争前，魏源提出了"学术经世"的思想，他认为经世之学的目的是实现治经与治世、救世的统一，学术研究不仅是提供道德修养的途径，更要承担为社会现实服务的功用。他的这一思想推动了"学人议政之风开，经世致用之学倡"局面的形成。严复则是通过翻译来表达其政治思想，他翻译的《天演论》《群学肄言》《法意》《社会通诠》等把西方近代资产阶级的政治学说理论介绍到中国，为中国人理解西方政治理论提供了翻译文本，他本人出版的《政治讲义》是第一部由中国人自己撰写的较为系统的政治学理论和政治思想史著作，该书阐述了从传统的"天下观"到近代"国家观"再到个人"自由观"的发展演变，探讨了对传统国家的认知以及对现代国家的建构。康有为认为，国家是由自由平等的个人组成的，在他看来，"人人皆独立而平等，人人皆同胞而相亲如兄弟"[1]，他的大同思想在《大同书》中展现了他所追求的理想社会图景，那是一个物质丰富、人人平等的理想社会，整个社会只奖励和尊重有智慧有德性的人，没有君与民之分。梁启超是中国近代最有影响力的政治活动家和政治思想家之一，他关于新民的思想包括新民社会的理想状态、对民族国家的诠释，塑造国民观念和国家意识等。谭嗣同猛烈地抨击了君主专制制度，他对"三纲五常"的思想进行了激烈批判，强调平等观念、自由意识和独立精神，他的反封建思想充满了爱国精神、自由平等精神和人道精神。此外，还有章太炎的"以太阿屯说"；熊十力对于民主自由思想的阐发；冯友兰"新理学"中内圣外王的情结；梁漱溟的儒家人生态度；张之洞的"中学治身心，西学应世事"的思想等。近代中国思想家们的政治德性思想既表达出经世致用谋续国运的务实理想，又体现出"中学为体、西学为用"的进步性。

三　当代中国公民政治德性思想

我国高度重视公民政治道德建设，2001年，中共中央、国务院印发的《公民道德建设实施纲要》对社会主义市场经济条件下加强精神文明建设，提升公民道德水平具有重要的指导作用。2019年，针对新时代公民道德建设面临的新问题，又印发了《新时代公民道德建设实施纲要》，这是在世情、国情、党情发生很大变化的背景下出台的，为在习近平新时代中国特色社会主义思想指导下加强公民道德建设，提升公民道德水平，全面建设社会主义现代化文化强国提供了基本遵循。《新时代公民道德建设实施纲要》既对新时代公民道德建设的总体要求做出了规定，又明确了新时代

---

① 康有为：《孟子微》卷一《总论第一》，载《康有为全集》第五集，中国人民大学出版社，2007，第417页。

公民道德建设的重点任务，深化了对于道德教育的引导，推动道德实践养成，重点强调加强网络空间道德建设，侧重从制度的层面发挥保障作用。

国内系统对公民政治德性进行论述的是张宜海的《论公民德性》，张宜海认为公民德性主要体现在政治领域中，公民德性是一种实践性品质，包括公民参与、权利主张、理性自利、勇于创新、遵守规则等，同时他还提出了当前中国公民德性培养的路径：加强公民教育、化公民德性之知为德性之行、提升社会公德建设效果、培育公民国家意识、增强公民权利意识、促进公民参与等。[①]

李婉芝梳理了西方公民政治德性思想的演进过程，西方公民政治德性思想经历了从产生与繁荣到畸变与复兴、兴盛与弱化，再到再度复兴的过程，西方公民政治德性思想对于培育适应中国式现代化的好公民具有多方面启示意义：要始终高度重视公民政治德性的培育和提升，注重作为公民政治德性基础的好人德性和好公民德性的养成，正确处理公民政治德性培育与公民政治权利保障的关系，营造个人自觉修养政治德性的社会氛围。[②]

孟锐峰从亚里士多德政治哲学的角度谈公民资格或政治参与中的德性，他认为亚里士多德的整个政治哲学就是围绕着公民政治参与的德性与城邦政治的关系而展开，亚里士多德把"中庸"和"明智"作为公民参与政治的重要德性，充分论述了公民德性与政治制度之间的互动关系。[③]

刘争先对于国内部分省区市 5243 名中学生的公民政治德性现状进行了调查，[④] 包括中学生对于公民政治德性的理解，以及中学生的公民政治德性在日常生活中的践行情况，他对学校管理实践与理论、公民德性与学校规范以及公民素养教学形式等方面存在的问题进行了探讨，旨在引起对于

① 张宜海：《论公民德性》，郑州大学出版社，2011，第 321 页。
② 李婉芝：《西方公民政治德性思想的历史演进及当代启示》，《湖北大学学报》（哲学社会科学版）2023 年第 6 期。
③ 孟锐峰：《论公民政治参与中的德性——对亚里士多德政治哲学的探析》，《学术交流》2016 年第 6 期。
④ 班建武：《"公民"还是"私民"？现代化转型中的中国大陆中学生公民德性调查与分析》，《教育科学》2015 年第 3 期。

中学生公民政治德性现状的重视。

南京大学张凤阳教授在《政治哲学关键词》中指出，在现代社会，公民的地位通常是以国家根本大法——宪法的形式得以确认的，世界各国大多把有关公民权利的规定设于前，而将有关国家权力的规定置于后，他认为在国家与公民的关系模式中，不是国家权力本位，而是公民权利本位。①

罗大蒙等认为公民政治德性是公民成其为"好公民"的重要内在维度，当代中国的国家治理体系和治理能力现代化对"好公民"的要求既不能因公益而废权利，也不能以权利而否定公益，在国家治理现代化转型中需要的"好公民"，应体现如下原则和精神：对自由和独立人格的强调、对公共事务积极参与的态度、对异己的宽容品性、注重沟通对话、互信并能开展积极而有成效的合作、具有公共精神和敢于承担公共责任等。②

第六节　中西公民政治德性思想比较

公民政治德性思想是一个古老的话题，源起于古希腊时期的荷马时代，历经 2000 多年的理论发展而生生不息，在不同的历史时期被赋予不同的含义，并不断丰富其内涵。古今中外的许多思想家都对政治德性思想有过丰富的论述，体现出深厚的文化根基，对当时和后世都产生过较大影响，至今仍然具有重要价值或者启示意义。这些研究涉及政治哲学的元理论、基本理论和应用理论三个层次，以公民、臣民、子民为主要研究对象，主要研究好公民的内涵和外延、公民的德性和权利、好公民与好国家的关系、公民德性的向度、公民德性与市民社会、公民与国家的关系等问题，旨在为公民如何成为好公民、国家如何培育好公民提供基本规范和指导。2000 多年来的中西公民政治德性思想内容丰富，为今人研究公民政治德性问题留下了宝贵的思想资源，具有重要的学术研究价值和实践意义，同时也存在理论局限。

①　张凤阳：《政治哲学关键词》，江苏人民出版社，2022，第 138 页。
②　罗大蒙、张芸：《公民特质、国家治理与"好公民"培育：中国国家治理现代化的公民身份条件》，《晋阳学刊》2016 年第 1 期。

一　西方公民政治德性思想的价值和局限

西方公民政治德性思想诞生于 2000 多年前，在其演进过程中，既有过繁荣，也经历过畸变，后来又经历了复兴，内容十分丰富，为规导人们努力成为好公民、社会由无序走向良序做出了重要贡献。西方思想家创造的种种思想，虽然在今天看来有些是不正确的，甚至是荒谬的，但是他们都曾经真心实意地为构建种种理想社会并寻找其实现路径而不断努力，反映了他们为人类过上美好生活孜孜以求追求真理的精神，记录了人类不断追求进步的心路历程。

1. 西方公民政治德性思想的价值

西方公民政治德性思想大致经历了以下演进过程：从古希腊和古罗马时期将政治德性视为最高德性的公民美德思想，到中世纪欧洲文艺复兴和启蒙运动时期推动公民参与的人文主义与理性主义，再到现代对于正义、自由、平等的热切期盼，强调个人权利的保障。西方公民政治德性思想的学术价值和实践意义是极其丰富且深刻的，其价值表现在以下方面。

第一，高度重视公民政治德性的培育和提升。综观西方的公民政治德性思想史，从古希腊开始，哲学家们就非常重视公民的政治德性问题，把公民德性问题作为道德问题的主要研究对象。苏格拉底强调德性是灵魂的善，将德性问题作为主题进行系统思考和探索，苏格拉底慷慨赴死以证明自己是雅典的公民就应该遵守该城邦的法律，他是政治德性践履实践的典范。柏拉图将个人德性与社会德性统一，提出智慧、勇敢、公正、节制的“四主德”思想，认为“四主德”无论是对于个人还是城邦都是值得强调的重要德性，开社会德性思想之先河。“四主德”作为深层的德性思想，不仅影响了当时的人们，而且对中世纪以后的西方文化都产生了深远的影响。柏拉图还创立了西方思想史上第一个社会德性思想体系，构建了一个乌托邦式的理想国。亚里士多德建立的幸福主义德性伦理学也是以共同体城邦为前提。古往今来的西方公民政治德性思想所追问的都是公民在公共政治生活中的道德问题，并在社会历史发展过程中不断拓展和完善其内涵。自古典时期的苏格拉底、柏拉图、亚里士多德到中世纪的霍布斯、洛克、卢梭，再到近现代的黑格尔、施特劳斯、罗尔斯、哈贝马斯等，全部都是在洞察和把握各自历史时期重大现实问题的前提下来构建和发展公民政治德性思想。

由此我们可以看到，哲人正是在不断追问"什么是真善美""什么是人性卓越"的"好人"的过程中，不断加深对"好公民"的理解。古希腊的先哲们论证了应当高度重视德性问题，他们追求城邦中公民的正义，由追求自由和平等的公民组成城邦共同体，它体现的是一种存在于公民之间以及公民和城邦之间的交往关系，这种关系就是古希腊城邦公民自治的政治生活。先哲们将智慧、节制、勇敢、正义等德性运用于城邦的治理中，倡导其成为公民首要的价值取向，构建具有正义美德的城邦。在中世纪，尽管为顺应基督教，哲学家提出教会和封建君主是国家和人民的主宰，个体只是上帝的子民、封建君主的臣仆，而不是公民，但是仍然强调公民政治德性的作用，由奥古斯丁和托马斯·阿奎那所概括和论证的神学德性也强调信仰、希望和爱。尽管近代西方哲学家们强调个人权利的至高无上，但是仍将公民政治德性提到很高的地位，卢梭便自称为"日内瓦的公民"。他们开始在公民与国家的关系中，通过设计健全的制度和良好的政体来增强公民政治德性，同时强调运用法律和民主的手段保障公民政治德性的彰显。

在历史时态下，我们看到公民、社会与国家政治之间的关系呈现结构性变化，公民这一概念的内涵也处于不断演变与扩充中，这种演变既体现出公民对国家从依附、独立到逐渐融入的过程，也展现出公民的权利意识和义务意识不断提升的趋势。因此，在复杂多变的现代社会，要尊重、保护和扩大公民政治德性，公民政治德性的完善不仅是成为"好公民"的必备条件，更是公民作为独立的个体实现有尊严的生活和追求人生幸福的重要途径。公民政治德性的形成与发展也不是一蹴而就的，它的内容体系是随着国家制度的完善、社会生产的发展和人们生活水平的提高而不断发展和完善的。

在亚里士多德看来，德性实践的回报是善和幸福的生活，"如果从人们所过的生活来判断他们对于善或幸福的意见，那么多数或一般人是把快乐等同于善或幸福"。① 当今时代公民政治德性的实践仍然如此，公民政治德性实践的目的在于追求幸福生活、不断接近人性的完善、生活得更有尊严、人之为人的本质和价值能在生活中彰显，从而为社会稳定和谐提供保障。

第二，注重作为公民政治德性基础的好人德性和好公民德性的养成。早在古希腊时期，亚里士多德就对好人与好公民进行了论述。他认为，在最佳政制中，"好人"与"好公民"都具有同样圆满的德性，现实中的公民很难都成为好人，但至少可能成为一个对城邦的美好生活有所贡献的好公民。在古希腊时期，人们普遍追求德性的发展，将德性的完善作为人生的重要目标；中世纪的欧洲，由于基督教盛行，人们普遍将个人的德性修养与神学联系在一起，追求超脱的个人精神生活；近代以来的欧洲，随着市场经济和科学技术的发展，人们更加追求政治层面的德性以促进自身的发展；现代的西方思想家则更强调在现代性的基础上，追求广泛的公民参与、积极的权利主张、适当的理性自利、思想的勇于创新、秩序之下的遵守规则，等等。这些政治德性思想均是不同时期人的自我完善的重要体现，体现了各个时期公民德性发展的程度。同时，思想家们认为，培养公民的政治德性也是公民过好生活的基本途径。马克思主义者认为，人的全面、自由、充分的发展不仅是对未来社会的预见，更是对人的终极关怀。尽管我们看到，在西方不同的历史阶段和社会环境下，公民的身份、地位各不相同，内涵也各不相同，但好人德性和好公民德性的养成始终是以公民政治德性为基础。

今天，人们生活在政治社会中似乎是理所当然、毋庸置疑的，但人类对于政治社会的认同和参与却经历了一个漫长的过程，西方哲学家们关于政治社会合理性的论证对这一认同的形成起到了极其重要的，甚至可以说决定性的作用。面对时代问题，他们一方面努力论证人类从亲情社会走向政治社会的必然性以及国家治理（政治）的合理性，另一方面努力构想人类必然进入的政治社会应当是一个什么样的社会。古希腊的三位思想巨匠

① 〔古希腊〕亚里士多德：《尼各马可伦理学》，廖申白译注，商务印书馆，2003，第9页。

都致力于做这方面的工作，他们从人的社会性和多样性需要的满足方面证明人类进入政治社会是人的本性使然，提倡人类在政治社会中应有更完美的德性，这种政治德性不仅有利于良序社会的形成，更有利于人类自身过上好生活。柏拉图的理念论将"善"作为宇宙万物以及所有理念追求的最高目标，为他所构想的理想国将全体社会成员的幸福作为终极追求奠定了坚实的理论基础，为理想国中的公民政治德性追求指明了修为的方向。

与此同时，西方思想家们不约而同地认为，公民政治德性的提升可以通过教育的方式来实现。亚里士多德认为，"人是政治的动物"，他认为公民政治德性的提升是可以通过教化来实现的，加强公民教育是提升公民政治德性的首要路径。卢梭认为公民意志是国家基础，他讨论了针对公民的大众教育，强调通过教育的方式培养具有普遍意志和法律意识的爱国公民。

第三，坚持从公民与国家的关系中考察公民政治德性。西方一进入文明社会就进入了以国家为形式的政治社会，因此国家就成为政治哲学家们关注的对象。西方政治哲学家主要研究和回答了国家的理想追求以及社会公正的问题、国家产生的正当性问题、政制的合理性问题、权力的合法性及其制约问题、法治的重要性问题、市民社会与政治社会（国家）的关系问题、作为国家成员的品质及权利问题，等等。[①] 所有这些问题都是政治或国家治理的基础性问题，倘若这些问题不解决，国家治理就没有根基和依据，其正当性、合理性、合法性问题就无从谈起。早在 2000 多年前，柏拉图就设计并展望了一个理想国，他最初从公民与国家的关系中论述了公民政治德性必须在国家和个人的双向约束和互动中实现。亚里士多德在讨论何为优良的政体时也强调，"凡以人们的善德衡量各人的幸福（快乐）者也一定以城邦的善德衡量城邦的幸福（快乐）"[②]。亚里士多德认为，"在现存的诸政体中，公民只能够实现相对于该政体的好生活，而只有在最佳政体中，一个人才具备达到最高善的条件，以有德性的生活为目的，

---

① 李婉芝、江畅：《西方政治哲学的价值、局限及启示》，《江苏行政学院学报》2024 年第 1 期。
② 〔古希腊〕亚里士多德：《政治学》，吴寿彭译，商务印书馆，1965，第 347 页。

其中的资源、制度和安排才能够确保最好的生活的实现"①。以桑德尔、拉兹等为代表的社群主义者坚持公民政治德性中集体善的部分，他们从政治自然的目的论视角出发，阐释城邦的自然目的性生成以及城邦在培育公民德性（进而使公民过上至善的幸福生活）方面的重要作用。公民政治德性不仅关乎个人的幸福，还关乎整个共同体的命运，这就在公民政治德性与城邦政治之间建构起内在的逻辑关联。

这启示我们，公民政治德性的培育不应局限于公民个人的美德完善，而应该把公民在政治方面的道德要求置于整个社会利益、国家利益中。马克思认为："人的本质不是单个人所固有的抽象物，在其现实性上，它是一切社会关系的总和。"② 作为公民，也体现着各种社会关系——国家、社会、他人的关系。每一个人，首先是社会的人，然后才是政治的人。社会人的部分，要与社会、他人发生联系；政治人的部分，与国家息息相关。"在我国，公民是在个人与国家的关系中被确定下来的。"③ 公民与国家的关系集中体现了人的法律属性和政治属性，突出公民与国家的权利和义务的关系。现代社会中，我们提倡公民爱国、奉献，强调公民在服务人民、奉献社会中实现自我价值，但同时也应注重运用法律和制度的约束力量来保障公民政治权利，正所谓"法安天下，德润人心"，只有将公民政治德性培育与公民政治权利保障相结合，才能缓解社会矛盾、促进社会和谐，提高社会凝聚力和向心力，从而建立和谐有序、充满温情的公共生活。

2. 西方公民政治德性思想的局限

尽管西方思想家们在公民政治德性的研究上积累了丰富的资源，但由于时代、国别的局限，以及政治家个人视界、立场和学识等方面的差异，其研究也存在局限。

第一，公民的限定范围有限，缺乏天下情怀。西方政治哲学家非常关注德性问题研究，在亚里士多德那里，德性是指优秀的品质，于是对于公民的德性要求也限定在优秀的人身上，这直接导致其对公民身份的限定十

---

① 董波：《亚里士多德〈政治学〉的结构问题》，《现代哲学》2017 年第 3 期。
② 《马克思恩格斯选集》第 1 卷，人民出版社，2012，第 139 页。
③ 焦国成主编《公民道德论》，人民出版社，2004，第 8 页。

分有限。亚里士多德在《政治学》中论述了公民的范畴，他所指的公民仅指成年的男子，女性、儿童、老人、残疾人等均被排斥在外。中世纪时期，西方世界处于基督教的统治之下，人们不再拥有公民的身份，而沦为上帝的子民、臣民。卢梭非常重视公民的教育活动，他承诺公民的自由和平等，但他设想中的公民仅为男性，女性臣服于国家的权威，在决定普遍意志时没有话语权。在西方政治哲学家的思想中，公民大多只是某一部分强势群体，而不是普遍群体，这种研究缺少世界眼光和人类情怀，更没有达到中国政治哲学家的那种"亲亲而仁民，仁民而爱物""民，吾同胞；物，吾与也"的境界。

第二，轴心时代以后，西方哲人们不重视对公民政治德性的探讨，导致公民政治德性研究脱离现实。与古希腊时期哲人们追求个人德性的完善，强调政治德性中的善与至善，并将政治德性与个人幸福追求联系起来不同，从希腊化时代开始，西方政治哲学家不再着眼于个人德性的完善。他们或从既定的政治教条出发提供哲学论证，如奥古斯丁就是从基督教教条出发构建神学政治哲学体系，使政治德性思想沦为基督教会的统治工具，他承认现实世界中的许多真实德性思想对于应对人生逆境是有所帮助的，"我们得救了，我们乃是因希望而得幸福。如果我们还没有得到当前的解救，只有期乎未来的解救，那将是我们的幸福所在，我们只有忍耐"[①]。而托马斯·阿奎那则将政治德性与神学德性结合起来，将"信、望、爱"注入人们心中。他们或者只注重从现象、经验出发探讨政治的实然本质，如马基雅维里、自然法学派都是如此，只是为现实政治提供理论基础，其结果是他们的公民政治德性思想丢掉了对于公民个人德性应有的规导性，将公民政治德性与公民个人幸福追求割裂开来，成为现实政治论证、辩护的工具，变成为现实政治完善而出谋划策的经验性政治理论，因此丧失了独立性和批判性。

第三，忽视国家的实体和主体性质，国家应有的能动作用没有得到充分阐发。启蒙运动以来的自由主义政治哲学把国家视为"守夜人"，不具

---

① 周辅成主编《西方伦理学名著选辑》上卷，商务印书馆，1964，第361页。

有独立性和主体性,其职能只是维护社会秩序。"古典自由主义理论的守夜人式的国家,其功能仅限于保护它所有的公民免遭暴力、偷窃、欺骗之害,并强制实行契约等,这种国家看来是再分配的。"① 这种理论排除了国家的公民德性培育职能,其结果必然导致"人人为自己,上帝为大家"和贫富两极分化的社会格局。

二 中国公民政治德性思想的价值和局限

1. 中国传统政治德性思想的价值和局限

中国传统政治德性思想的发展大致遵循中国传统政治哲学的发展脉络,从历史演进的角度看,中国政治哲学发展可以大致上划分为孕育形成时期(夏商西周、春秋战国时期)、儒家独尊时期(秦汉、魏晋隋唐、宋明清时期)和现代化时期(民国、中华人民共和国)三个大的不同历史时段。②

作为学科的政治哲学在我国起步较晚,"政治哲学的学科建设和学术研究,严格地说,就是在改革开放之后才开始的"③,但40多年来,中国政治哲学获得了蓬勃发展,政治哲学学术研究方兴未艾,中国传统政治德性思想给当代政治哲学的发展提供了丰富的思想资源。

中国传统政治德性思想孕育于中国传统政治哲学中,其经过了一个从"百花齐放"到"万马齐喑",再到"守正创新"的曲折演进过程,为世界政治德性思想研究的深入做出了重要贡献。中国传统政治德性思想家所做的努力不仅给民族和人类留下了宝贵的财富,也反映了他们为人类幸福苦心孤诣地追求真理的精神,记录了人类不断追求政治德性完善的心路历程。中国传统政治德性思想成就巨大,内容丰富而深刻,对中国传统道德的形成、民族兴旺和世界和平做出了巨大贡献。

第一,构建理想人格与理想社会。人格的完善是儒家基本的价值追求,内圣外王是中国传统政治德性思想的理想人格,也被认为是中国古代

---

① 〔美〕罗伯特·诺齐克:《无政府、国家与乌托邦》,何怀宏等译,中国社会科学出版社,1991,第35页。
② 李婉芝、江畅:《中国政治哲学的一般意涵与总体特征》,《江汉论坛》2024年第1期。
③ 李佃来:《新中国成立70年来政治哲学的发展》,《武汉大学学报》(哲学社会科学版)2019年第6期。

修身为政的最高境界。"内圣外王"一词虽然首见于《庄子·天下》，但普遍认为其是中国传统儒家思想追求关于人格理想和政治理念的基本德性。按照孔子的言论，只有做到"仁"与"礼"，先将自己的德行修好，才能成功地治理他人，这不仅是为人之道，也是王者之政。孟子的思想——"穷则独善其身，达则兼善天下"生动地表达了"内圣外王"的两面性。古代仁人志士所追求德性的最高境界，即君子，君子通过心性修养达到一种崇高的"内圣"境界，君子以天下为己任，将自己的主体心性修养推广到齐家、治国、平天下的境界，即外王。儒家将天下太平即"天下平"作为人类社会的一种理想状态加以追求，认为政治的使命就是要通过"齐家、治国、平天下"达到家齐、国治、天下平，最终实现天下大同。

大同社会是在《礼记·礼运》中借孔子之口首次明确表达的，这是一种天下为公的美好社会图景。大同社会作为中国传统文化意义上的好社会，其"好"有诸多体现：其一，它是天下，而不是国家。大同社会就是大同世界，意味着天下大同、"天下（太）平"，在这个世界里不会有国家之间的战争、侵略、掠夺。其二，它是公天下，而不是家天下。公天下是全体社会成员共建、共治、共享的社会，也就不会有统治者和被统治者。其三，它是各尽其能、各得其所的社会。这就是孔子所说的，"老有所终，壮有所用，幼有所长，鳏寡孤独废疾者，皆有所养"（《礼记·大道之行也》）。其四，它是充满真情友爱的社会。用孟子的话加以表达，大同社会是"老吾老，以及人之老；幼吾幼，以及人之幼"（《孟子·梁惠王上》）的社会。简言之，大同社会是人性化、人道化、人情化的美好社会。

在中外历史上，不少思想家提出了不同的理想社会，如柏拉图的"理想国"、基督教的"新天新地"、自由主义的"理性王国"等。[①] 这些理想社会方案各有其针对性，且各有其优点，但中国"天下为公"的大同社会和马克思恩格斯"以每一个个人的全面而自由的发展为基本原则"[②] 的共产主义社会真正体现了人类本性的要求，为人类本性的实现提供了社会条

---

① 江畅：《西方政治哲学重点关注的八大问题》，《理论月刊》2022 年第 8 期。
② 《马克思恩格斯文集》第五卷，人民出版社，2009，第 683 页。

件。古今两个时代、中德两个国度的思想家对理想社会的构想不谋而合，也充分表明这种理想的真理性。虽然大同社会理想尚未得到人类的普遍认同，但这种理想本身的真理性、合理性，表明人类社会必定走向世界大同。

第二，阐明家国天下的内在关系。人类社会（基本共同体）的最初形态是家庭，原始人群是人类家庭的原始形态，氏族社会已经有了比较完全意义上的家庭和家庭的扩大形态家族（部落）。① 部落之间的战争和融合催生了古代国家，市场经济的兴起和发展促进了西方现代国家的形成，而西方殖民主义者的海外扩张，尤其是西方市场经济向全世界的渗透，促进了世界的国家化。今天，国家已经成为人类的基本共同体，全人类都生活在国家中。市场经济、现代科技带来的经济全球化、交往全球化和信息全球化，已经将居住在不同国度的人联系成为一个整体，国家化和现代文明暴露出来的全球性问题则使人类的命运紧密地联系在一起。正是在这样的历史背景下，中国提出了构建人类命运共同体的政治主张，这一主张顺应了人类正在迈向最终形态世界共同体（天下）的历史发展趋势，必将在不远的将来变成现实。如此，家、国、天下将会成为人类社会或世界共同体的未来基本架构。中国率先提出构建人类命运共同体的主张，与中国政治哲学一以贯之地主张家国天下一体、追求世界大同的优良传统有着深刻的内在联系。

家国天下一体的理论主张是春秋战国时期儒家提出和阐述的，有着深厚的传统文化根基。中国进入文明社会以前的社会形态是以亚细亚的生产方式为基础的亚细亚社会形态，国家主权与土地所有权合一的土地国有制、手工劳动为基础的小农经济、自给自足的自然经济、全面干涉的政府职能与君主专制的国家制度等是亚细亚生产方式的基本特征。② 这种社会形态一直延续到文明社会，在部落战争中取胜的部落成为统治者，后来又

---

① 按照恩格斯的观点，原始社会的蒙昧时代和野蛮时代（大致相当于原始人群时代和氏族公社时代）已经有了与之相适应或并行的群婚制、对偶婚制两种婚姻家庭形式。参见〔德〕恩格斯《家庭、私有制和国家的起源》，载《马克思恩格斯选集》第3卷，人民出版社，2012。

② 于金富、郑锦阳：《马克思亚细亚生产方式理论探析》，《河南大学学报》（社会科学版）2022年第5期。

发生了被统治的部落通过战争取得统治权。由于时代的局限，统治者以为自己统治的地域就是世界、天下，于是就有了"普天之下，莫非王土；率土之滨，莫非王臣"的观念。最高统治者宣称自己是上天之子，受上天之命治理天下、护佑生民，即所谓"天子作民父母，以为天下王"（《尚书·洪范》）；"王者父天母地，为天之子也"（《白虎通义》卷一）。于是，人们就把统治者所在地视为天下的中央，而把其他辖地称为地方，统治以外的地区则被视为"胡地"或"夷地"。中华民族的"天下"拥有特定的土地，也就是天赐的自然地理空间，先秦时期称为"九州""四海"等；拥有相对稳定的居民——"五方之民"或"夏夷之民"；拥有源自《易经》以"天人合一"为最高追求的华夏文化或称中华文化；大部分时期拥有正统、合法的政权——中央王朝；具有管理天下的"天下观"和"大一统"思想；具有统治天下的具体政策——"五服制"和"修其教，不易其俗。齐其政，不易其宜"① 原则之下的诸多管理"天下秩序"的政策。因此，"天下"空间覆盖的既是一个文化共同体和地域共同体，也是一个政治共同体和人们共同体，与辛亥革命后终结王朝国家的历史并开启民族国家②构建形成了一种演化的关系。③ 在夏商周时代，人们心目中并无国家概念，春秋时期诸侯称霸、自立为王，国家的地位凸显，而这时周王名义上还是"天下共主"，国家属于天下之国家。先秦儒家继承这种文化传统并从理论上阐明这种关系，明确提出"齐家、治国、平天下"的社会治理模式，形成了家国天下一体的思想体系。

家庭、国家、世界是人类从最初彼此分离的原始人群逐渐走向更大共同体的三大步骤，是人类形成更大创造力量、拓展更大活动空间、过上更丰富物质和文化生活的历史过程。家庭是人类自身再生产的基础，也是最

---

① 《礼记》，陈成国导读校注，岳麓书社，2019，第 91 页。
② 赵轶峰认为，"国族国家"（nation state）是达到高度文化、制度、利益认同的国民组成的拥有主权地位的社会共同体，也是现代国际体系中普遍承认的唯一主权主体，这个概念长期被许多文献书写为"民族国家"，然以"国族国家"更得本义，且有助于理解 nation 与 ethnic group（族群）的关系。参见赵轶峰《王朝、天下、政权、文明——中国古代国家形态问题的若干概念》，《中国史研究动态》2022 年第 5 期。
③ 都永浩：《"天下"内涵及与近现代中华民族的关系》，《中国边疆史地研究》2022 年第 4 期。

基本的社会单元，因此也是社会稳定发展的基石，即所谓"家和国兴"①。国家的建立并不是要消灭家庭，而是保护家庭，使家庭和睦幸福，从而使个人幸福。从当代的情况看，人类命运共同体或世界共同体建设不会也不可能消灭国家，相反要根据国家发展的方向和进程以及构建世界共同体的内在要求，规约和塑造好的国家及好的国际关系。② 因此，人类的社会治理不能只考虑个人，也不能只考虑国家，而必须着眼于个人普遍幸福考虑家庭、国家、世界的建设。中国传统政治哲学重视家国天下一体建设，这不仅是中国政治的特色，而且也为今天的世界共同体建设提供了中国智慧和中国经验。

第三，天下为公的思想。天下为公作为政治原则是由孔子提出来的。在他看来，只有天下是公天下时，才会出现天下大同的美好社会格局。如果天下为家，即使像夏禹、商汤、周文王那样的杰出君王也只能实现小康社会，而不可能达到天下大同。历史证明，孔子之后的 2000 多年的历朝历代，均是以天下为家而没有逃脱政息人亡的宿命。在中国传统政治中，天下为公的思想一直占据着重要的地位。它强调公共利益高于个人利益，主张个人的权力应为大众服务，而不能谋取私利。传统道德中的义利之辨本质上是公私之辨。《诗经》中提出"夙夜在公"的道德要求，认为日夜为国事操劳是一种高尚的道德品质。《尚书》提出"以公灭私，民其允怀"的思想，认为朝廷官员应以公心灭自己的私欲，才能得到老百姓的信任。西汉贾谊提出"公而忘私"，范仲淹提出"先天下之忧而忧，后天下之乐而乐"，林则徐提出"苟利国家生死以，岂因祸福避趋之"，都体现了天下为公的思想。这种思想不仅体现在古代的政治理念中，更贯穿于中国的历史长河。历朝历代的文人志士都或多或少地受这种思想的影响，努力践行着为天下百姓谋福利的理念。

第四，尚民爱民的思想。尚民爱民的思想非常久远，可追溯到《尚书·泰誓》中的"天视自我民视，天听自我民听"的观念。这个观念后来

①　江畅：《好生活如何可能——基于价值论的思考》，社会科学文献出版社，2023，第 129 页。
②　杜志章、田秀华：《人类命运共同体构建中的国家角色与方位》，《西北师大学报》（社会科学版）2022 年第 5 期。

概括为"以民为天"①，并被孟子归结为"以民为本"。也许孟子意识到"天下为家"的王朝不可能以民为天，所以打了一个折扣，将其降低为以民为本的要求，但其含义包含在以民为天之中。历史事实证明，在后来的传统社会，即使有统治者做到了以民为本，但未见有统治者真正以民为天的。正是针对历代君王把整个国家和天下都视为自己的，清初思想家黄宗羲明确指出，"古者以天下为主，君为客"，"今也以君为主，天下为客"，而且往往"视天下为莫大之产业，传之子孙，受享无穷"（《明夷待访录·原君》）。"君者，舟也；庶人者，水也""水能载舟，亦能覆舟"这些至理名言以舟和水为喻，阐述了统治者与百姓之间的关系，强调统治者应当尚民爱民，重视百姓的利益，才能真正实现天下太平、国泰民安，同时把追求世界永久和平和人类普遍幸福作为理想。

第五，追求德法兼治。在中国政治哲学史上，儒家主张德礼和礼治，法家则主张实行单纯的法治，否定德治。中国传统社会的社会治理实践总体上看是人治，但在人治的背景下强调以德为基础的礼治，并辅之以法治，可以说是"礼主刑辅"。孔子认为，"道之以政，齐之以刑，民免而无耻；道之以德，齐之以礼，有耻且格"（《论语·为政》）；司马光说得更明白，"国家之治乱本于礼"（《司马光奏议》卷七）。也有些儒家学者肯定法治的必要性，如荀子针对当时的礼法、王霸之争提出"隆礼、尊贤而王，重法、爱民而霸"（《荀子·天论》），董仲舒的"为人君者，其法于天"（《春秋繁露·天地之行》）也隐含了法存在的必要性。不过，他们都把礼作为治之本，荀子就断定"礼义之谓治，非礼之谓乱"（《荀子·天论》）；董仲舒说得更清楚，"使德之厚于刑也，如阳之多于阴也"（《春秋繁露·阴阳义》），于是就有了儒家主张"德主刑〔法〕辅"的说法。不过，传统社会的法，不仅是刑法，而且是借助刑法的力量来维护礼制，即后来所说的"以礼入法"或"援礼入法"，这导致中国传统社会始终处于有法律而无法治的人

---

① 《史记·郦生陆贾列传》中写道："王者以民为天，民以食为天。"唐代司马贞作《史记》的"索隐"时注明此话出自管子。他断定管子曾说过"王者以民为天，民以食为天，能知天之天者，斯可矣"的话。《汉书·郦食其传》也有"王者以民为天"的记载。可见，"以民为天"观念在中国源远流长，并且得到了相当普遍的认同。

治状态。① 传统社会的"人治"是君主治理，中华人民共和国成立之后，宪法明确指出，中国人民掌握了国家的权力，成为国家的主人，传统的君权至上转变为人民至上，过去的君主专制转变为人民民主专政。国家的一切权力属于人民、人民当家做主是当代中国社会治理的前提，在这个前提下，确立了依法治国和以德治国的治国方略，形成了德法兼治的现代社会治理模式。这种模式不仅从根本上克服了传统人治的种种弊端和消极社会后果，而且还克服了西方国家片面强调法治导致的种种社会问题。

中国传统政治德性思想受当时的政治制度、政治环境和文化传统的影响，也存在局限性。这种局限性不仅反映了不同思想家对于政治德性的不同理解和看法，也反映了在当时的政治环境中人们面临的道德困境和选择难题。

首先，中国传统政治德性思想过于注重个人修养和道德品质，而忽视了法律规范和制度建设的重要性。在古代，人们往往寄希望于圣君贤相来治理国家，却忽视了对政治制度和法律规范的完善，这种"人治"而非"法治"的观念，导致了社会不公和贪污腐败的问题。比如，"公正无私"是中国传统政治德性思想非常强调的品质，但是古代的公正无私往往建立在君主或统治者的权威之上，缺乏对于权力的有效制约和监督，政治权力无法受到法律的约束和民众的监督。

其次，传统政治德性思想中的某些观念与现代社会发展不相适应。例如，孔子强调"君君、臣臣、父父、子子"，孟子提出"君为臣纲"的等级观念，在古代，忠诚守信主要表现为臣子对君主的绝对服务与誓死捍卫，这种观念在一定程度上忽视了个人的独立思考和判断。这种过分强调忠诚守信而忽视个人权利和自由的思想，在当今社会就显得有些过时了，不利于社会的创新和发展。

另外，传统政治德性思想中的某些内容也存在一定的矛盾。一方面，它强调君主的权威和尊严，认为君主具有至高无上的地位，其意志应被民众绝对服从；另一方面，它也强调君主应具备贤能和美德，能够公正无私

---

① 赵世超：《中国古代引礼入法的得与失》，《陕西师范大学学报》（哲学社会科学版）2011年第 1 期。

地行使权力，为国家和民族谋福利。然而，这种要求往往难以实现，因为君主的品质和能力是复杂多变的，很难用单一的标准来衡量，即便君主具备贤能的品质，也难以保证他们不会受到金钱、权力等的诱惑，从而出现道德滑坡的现象。

2. 当代中国公民政治德性思想的价值和对其研究的局限

公民政治德性问题作为政治哲学中的一种价值性取向，对构建和谐的公民与国家关系具有重要的作用，也是公民成为一个"好公民"的内在维度。公民政治德性是指社会中的公民基于法律赋予的公民身份参与社会生活和社会事务而应该具备的道德品质，这些品质促使个体及其实际的行动增进公共福祉和共同体的普遍性价值。

在中国，"公民"一词是个舶来品，在西方存续了 2000 多年的公民概念，直到 20 世纪初才进入中国的政治词汇中。在我国，公民政治德性作为一种个体的公民在政治上体现的德性，既体现为个人的政治修养和政治行为，也体现为公民追求的公共善部分。当代中国已完成从传统社会向现代社会、从计划经济向市场经济的转型，迈向通往人类文明新形态的新征程，我们面对着如何构建新的社会伦理规范和行为规则以及如何塑造和谐有序的社会交往共同体这一时代任务。

中国传统政治哲学是以家、国、天下一体为研究对象，以天下平、国治、家和、民乐的社会理想及其实现为主题，以道与德、理想人格与理想社会、等级尊卑与众生平等、家国天下关系、王道与霸道、尚民爱民与人民至上、内圣外王与人民民主以及德治、礼治与法治等问题为关注重点，运用经验体悟、理智直觉和思辨构想一体的方法探求社会治理之道的哲学理论。① 当前，学界对植根于中国传统政治哲学中的当代中国公民政治德性思想研究取得了一定进展，具有以下几个特点。

一是对传统政治德性理论和思想进行阐发和创新。绵延 5000 多年的中华文明被认为是世界上唯一未曾中断过的文明，既是中国政治哲学孕育、生长的丰厚土壤，也是其丰富、发展的不竭动力。以儒家为代表的中国传

---

① 李婉芝、江畅：《中国政治哲学的一般意涵与总体特征》，《江汉论坛》2024 年第 1 期。

统哲学包含了丰富的政治哲学思想，甚至在很大意义上可把儒家哲学认定为一种政治伦理哲学。中国传统政治哲学中的许多思想在今天依然有重要价值，是中国特色社会主义政治哲学的理论源泉。

二是借鉴了外来的公民政治德性思想。佛教的传入并与中国本土文化融合、西方现代文化与中国主流文化的碰撞，尤其是马克思主义的中国化都对中国现当代社会产生了深刻影响。近代以来的西方政治哲学，特别是上至霍布斯与洛克，下至罗尔斯与诺齐克的西方规范性政治哲学，其所证立和辩护的主要价值就是资本主义的权利、自由、平等、公正等。马克思固然没有像洛克、斯密等人那样，直截了当地对权利、自由、平等、公正等与市场经济和法治社会相匹配的价值和规范提供一种系统的证成和辩护，但这绝不意味着马克思缺少一种现代意义上的规范性政治哲学。马克思所阐发的独特的现代政治哲学思想，与中国特色社会主义理论与实践逻辑中以人民为中心的发展思想和共同富裕的发展取向是完全契合的。我们若要将当代中国特色社会主义政治哲学建构为一种既能对现代市场经济和法治社会的规范性目标做出深刻回应，又能对中国特色社会主义在理论与实践上的本质规定性做出深刻把握的当代中国马克思主义哲学新形态，就需要将理论基础牢牢建立在马克思主义政治哲学之上。

三是着眼于人类社会发展的历史必然性和人类政治文明进步的总趋势，为人类命运共同体构建提供中国方案。人类发展的历史必然性和人类文明进步的总趋势就是："随着社会生产的无政府状态的消失，国家的政治权威也将消失。人终于成为自己的社会结合的主人，从而也就成为自然界的主人，成为自身的主人——自由的人。"① 这种"自由的人"就是马克思所说的全面而自由发展的人，由他们所构成的社会是自由人联合体。这就是当代中国公民政治德性思想研究回答人类命运共同体的主要理论依据。中国政治哲学具有着眼天下（世界）研究政治治理的传统，进入新时代，中国率先提出构建人类命运共同体，为世界治理体系的构建做出了中国贡献。这是中国作为构建人类命运共同体倡导者的使命担当，也是中国政治

---

① 《马克思恩格斯文集》第三卷，人民出版社，2009，第566页。

哲学家应承担的学术责任。

与西方市场经济国家不同，中国是信仰马克思主义的社会主义国家，有深厚的天下情怀和礼义传统，不仅追求国家富强、民族振兴、人民幸福，而且谋求世界大同。今天，中国提出构建人类命运共同体的主张，在全球治理中发挥着十分重要的作用，体现出大国担当。在这种情况下，中国政治哲学界一方面要加强对人类命运共同体构建必然性、合理性和正当性的研究，为人类命运共同体构建提供哲学论证和辩护；另一方面要研究中国政治哲学如何与世界政治哲学接轨的问题，为其他国家提供范例和经验、提供哲学理据和支持。

通过对当代中国公民政治德性思想研究成果的梳理发现，虽然学术界取得了一定的成绩，但是仍存在以下几个方面的问题。

第一，学科知识借鉴运用不够张弛有度。公民政治德性的概念源自西方，具有浓厚的西方色彩，目前学界的大部分研究都是借鉴西方政治思想理论。笔者认为，一种有生命力的中国公民政治德性思想的构建，必定有赖于对既定的、积极有效的理论资源的充分吸收借鉴，同时也必然要依赖于对中国改革开放以来所经历的社会变革、实践创新及由此而生发的重大现实问题的敏锐把握。

第二，尽管目前产出的一系列研究成果正逐步聚焦社会现实问题，但是对于好公民的培育、好公民与好国家的关系等方面的问题回应和解答不够深入。当代中国公民政治德性的问题并非只涉及纯粹理论层面，而要探讨"人民对美好生活的向往"中的现实问题。要在纵深层面真正找到并锁定"中国问题"，为后续研究打下坚实的学术基础。

第三，现有研究缺乏系统的逻辑梳理和深入的理论阐述。研究中国当代的公民政治德性问题，不应只是简单回到历史文本和故纸堆"照着讲"，而应在创新性意识的引导和推动下"接着讲"。应充分挖掘中国特色社会主义政治哲学的思想资源，锚定当代中国公民政治德性中的"中国问题"，建立适应中国特色社会主义政治哲学的公民政治德性思想研究路径。只有通过这种方式，我们才能够在"古为今用"的通途中，研创出既与传统相异质又与传统相连接的公民政治德性理论。

第二章　现代社会公民政治德性的德目 及其特征

　　从社会的角度看，德性的基本内容和要求是通过德性项目（德目）体现出来的。德目是人们在长期的社会生活中逐渐形成的一些德性要求，它们既是人们判断和评价德性的标准，也是人们进行德性培育（包括德性教育和德性修养）的根据。① 公民政治德性作为社会对公民政治品质的要求，也需要通过德目来表达。中外历史上积累了许多德目，随着时代的变迁，公民政治德性被赋予新的时代内涵，具有新的时代特征。

第一节　现代社会公民政治德性的新变化

　　随着全球化浪潮的推进以及现代化进程的加快，现代社会公民政治德性出现了新的变化、新的挑战。现代社会公民政治德性的培育需要与时俱进，进而构建一个更加公正、包容和可持续的社会。

一　我国社会主要矛盾的新变化

　　自改革开放以来，我国社会主要矛盾经历了从人民日益增长的物质文化需要同落后的社会生产之间的矛盾到人民日益增长的美好生活需要和不平衡不充分的发展之间的矛盾变化。过去，我国经济基础薄弱，人民生活水平较低，温饱问题尚未完全解决。解决这一矛盾的关键在于发展生产力，满足人民的基本物质文化需求。随着我国经济的快速发展，人民生活

---

　　① 江畅：《德性论》，人民出版社，2011，第 69 页。

水平不断提高，温饱问题已经得到解决，人民对于美好生活的向往日益强烈。

当前，新的社会主要矛盾体现在人民日益增长的美好生活需要和不平衡不充分的发展之间的矛盾。这一矛盾主要体现在区域发展、城乡发展、经济社会发展等方面存在的不平衡上，部分地区和群体的发展水平仍然较低；教育、医疗、养老、住房、生态环境等方面的问题尚未得到充分解决，与人民日益增长的美好生活需要还有较大差距；人民对于民主、法治、公平、正义、安全、环境等方面的需求日益增长，需要在更高层次上满足这些需求。为了解决新的社会主要矛盾，我国推出了一系列政策措施，包括实施西部大开发、中部振兴等区域协调发展战略；推进新型城镇化，促进城乡融合发展；深化供给侧结构性改革，提高经济发展质量，满足人们的多样化需求；加大民生领域投入，优先发展教育事业，提高就业质量和人民收入水平；加强社会保障体系建设，坚决打赢脱贫攻坚战；实施健康中国战略，打造共建共治共享的社会治理格局；坚定文化自信，推动社会主义文化繁荣发展，满足人民精神文化需求；加大生态环境保护力度，推进绿色发展，改善生态环境等。

美好生活在现代社会是一个多维度概念，它不仅包括物质层面的富足，如充足的食物、舒适的住所、良好的教育、健康保障和稳定的收入等，还包括精神文化层面的满足，如个人自由、社会尊重、文化享受、政治参与和社会和谐等。

社会公平是美好生活的重要组成部分，它体现在机会公平、法律公平、经济公平以及社会保障、政治参与、公共服务等方面。社会公平意味着每个公民都有平等的机会去发展自己的能力，不受出身、性别、种族、宗教或其他社会因素的影响，包括教育机会、就业机会、创业机会等。法律公平意味着在法律面前人人平等，每个公民都受到相同的法律保护和约束，没有人可以凌驾于法律之上。社会公平要求经济成果的分配是公正的，公民根据自己的贡献获得相应的报酬，减少贫富差距，实现共同富裕。社会公平要求建立完善的社会保障体系，为所有公民提供基本的生活保障，特别是在面临失业、疾病、伤残、老年等风险时，能够得到社会的援助。每个公民都有平等的政治权利，包括选举权与被选举权、人身与人格权等。国家提供均等化的公共服务，如教育、医疗、交通、住房等，确保所有公民都能享受到基本的公共服务。消除一切形式的歧视，包括性别、年龄、种族、宗教、残疾等，保障每个人都能在社会中受到尊重和公正对待。社会公平的实现需要政府、企业和社会各界的共同努力，政府要制定和执行公正的政策，提供平等的机会，保障公民的基本权利，促进社会的整体和谐与进步。一个公平的社会能够为公民提供实现个人潜能的环境，使每个人都能享受到美好的生活。新时代，我国将不断推动经济社会发展，实现全体人民共同富裕，满足人民日益增长的美好生活需要。

二　当今世情和国情的新变化

当今世情和国情的新变化对公民政治德性产生了深远的影响。全球化使得各国之间、各地区之间的联系更加紧密，公民的视野得到前所未有的拓展，加深了对不同文化和政治体制的理解。在文化多样性的背景下，不同的文化价值观相互碰撞，导致某些公民对传统道德规范产生怀疑。随着互联网技术的快速发展，信息传播更加迅速和广泛，公民获取信息的渠道变得更加多样化，公民更加关注社会公共事务，公民的政治参与意识不断增强。同时，在这个"人人都是麦克风"的自媒体时代，网络空间的兴起带来了新的道德挑战，如隐私侵犯、网络欺凌等，对这些新问题的道德判断和处理方式也在不断探索中。如何引导公民在网络空间中保持良好的道德行为、维护健康的网络环境，也是一个亟待解决的问题。面对这些新变化、新挑战，需要从多个层面进行思考和探索，完善法律法规以规范公民行为，加强网络道德建设，以期培养适应中国式现代化建设的好公民，促进社会的和谐稳定。

随着国家治理体系的不断完善，政府对公民的引导和教育作用愈发重要，积极的政策和措施能够增强公民的政治责任感和参与意识，提升公民政治德性。经济的快速发展带来物质主义和消费主义的兴起，社会变迁导致一些传统道德规范失效，而新的道德规范尚未完全建立，这种"道德真空"可能会引发公民德性问题。在这种状态下，个人可能感到迷茫，不知道如何正确行动，社会缺乏有效的机制来规范和引导人们的行为，这可能导致一系列社会问题，如道德沦丧、法律难以执行、社会秩序混乱等。在快速的经济发展和现代化进程中，传统的道德观念受到冲击，新的适应现代社会的道德规范还在形成中。此外，随着公民受教育程度的提高，公民的政治参与能力普遍得到提升，这些都带来了对传统政治德性的挑战。

三　现代化进程中人的现代化带来新变化

现代化进程中人的现代化是指在社会、经济、政治、文化等各个方面实现现代化的同时，人的思想观念、行为方式、价值取向、教育水平、生活方式等方面也相应地发生变化，以适应现代社会的需求和挑战。随着现代化进程的加快，人们的世界观、人生观、价值观等随着时代的发展而变化，表现得更加开放、多元和理性。现代教育体系的建立和发展提高了人们的整体知识水平和技能，使个体能够更好地适应现代社会的工作和生活需求，人们的日常行为和社会互动方式更加符合现代社会的规范，如遵守法律、尊重他人、注重效率、倡导公共道德等。现代社会中，个人自由、平等、人权、法治等价值观得到普遍认同和尊重，人们更加注重个人发展和自我实现。随着科技的发展和物质生活水平的提高，人们的生活方式也发生了变化，如消费观念、休闲方式、健康意识等。在现代社会中，公民的政治参与意识、社会责任感、法治观念等也得到提升，人们更加积极地参与社会生活和政治生活，注重多样性、注重社会公平正义。随着全球化的推进，人们的视野不再局限于本国，而是面向世界，积极理解和参与全球事务。

人的现代化是一个持续的过程，它要求个人不断学习、适应和创新，以适应不断变化的社会环境。同时，人的现代化也是社会现代化的重要组成部分，没有人的现代化，社会的现代化就难以实现。因此，人的现代化和社会现代化是相互促进、不可分割的。

第二节　现代社会公民政治德性的基本德目

公民政治德性作为个体的公民在政治上应具备的德性，既包括个人的政治修养和政治行为，也包括国家中的公民追求的公共善部分。本部分尝试厘清现代社会公民政治德性的基本德目，这是培育公民政治德性、成就好公民的基本前提。现代社会公民政治德性主要包括爱国、敬业、勇敢、仁爱、公正、忠诚、守规、合作、卓越、节制十个基本德目。①

一　爱国

爱国作为一种政治德性，其形成不是一蹴而就的，而是在历史发展的过程中慢慢产生的。古希腊时代，要塞与周边地区日益整合形成一个政治共同体，即城邦，城邦的共同生活是人们所必须承担的。麦金太尔认为人们对德性的理解多种多样，但德性应该在城邦中界定并践行。亚里士多德认为，人天生是政治动物，即人是城邦的动物，人之为人的前提条件是城邦的存在，没有城邦就谈不上人，更不用说德性了，因为德性是建立在人存在的基础之上的。城邦存在后，人们就可以将个人德性与城邦相结合，因为个人德性只有在城邦中才能获得善的结果，而且个人德性与城邦的善相结合是对城邦的认同，即对城邦的爱，这就是爱国的基本来源。对城邦的爱本质上是对自我的尊重，是对共同体的热爱。但个人利益和共同体利益还是有区别的，城邦作为共同体的存在为我们提供了反思的条件，使我们具备自我反思的能力，也使我们知道城邦共同体利益的实现才是我们个人利益的真正实现。

每一个时代都有关于爱国的政治表现，爱国主义精神在近代国家的形成中发挥着重要作用。中世纪欧洲，社会之所以由一个个狭小且松散的封建领地过渡到一个相对集中的大民族国家，是因为公民共同的宗教信仰、共同的语言和生活方式以及道德上的共同追求，使公民对民族身份达到认

---

① 参见江畅《德性论》，人民出版社，2011，第79~89页。

同和接受。以麦金太尔为代表的社群主义者认为，爱国是对特定国家的忠诚度，是公民在政治共同体框架下形成共同利益和共同价值。例如，文艺复兴时期，莎士比亚用英文写作、马丁·路德用德文翻译《圣经》等，使得欧洲的语言获得独立，唤醒了各个地方的文化认同，激发了公民的爱国热情。马基雅维里的《君主论》也从现实主义政治的角度构建新的国家，他主张公民应该为爱国主义事业共同奋斗，希望强有力的君主能够把市民团结起来建立一个强有力的国家。近代主权国家的建立，使个人的忠诚从封建领地转移到国家层面上来，个人的政治意义首先是他作为某一个国家的公民，爱国也成为公民与民族国家的基本纽带。近代主权国家建立后，共和国是现代民主国家的主要表现形式，现代民主国家在强调个人自由和个人权利的基础上要求公民增强对国家的认同感。共和爱国主义是以"自由"为中心的爱国主义，这种自由的实现需要共同体即"共和国"和公民美德的支撑。首先，共和爱国主义的目标之一就是对自由的追求，这种自由是一种平等的自由。其次，共和国是属于人民的，它是一种自由的政治共同体，是公民热爱和忠诚的对象。最后，公民将公共利益置于个人利益之上，拥有公民美德是确保共和国正常运转的重要条件。公民与国家之间的关系密切，公民拥有良好的德性既可以维护自由，又有助于共同体的强大。

卢梭把爱国主义精神作为衡量公民美德的重要标准，他认为公民是国家的成员，公民自身的命运与共同体即国家的命运息息相关，所以爱国应是每个公民在政治上的首要德性。首先，公民应该全心全意热爱自己的祖国，公民在判断事物时应从整个民族的角度出发，并且应该从小就培养对自己民族的感情。其次，公民要对祖国有充分的认知，祖国的历史、文化、经济、政治制度等都可以通过学习及查阅资料进行了解。最后，公民应该是对祖国充满自豪感和荣誉感的人，公民应该积极参加体育赛事、节日庆典等，通过这一系列活动的参与来加深对祖国的了解，进而增进对祖国的感情。

在中国，爱国主义是中华民族的优良传统，是中华民族生生不息、自立自强于民族之林的强大精神动力。爱国在不同的时代有不同的主题，

2024 年 1 月 1 日起实施的《中华人民共和国爱国主义教育法》明确规定了新时代爱国主义教育的主要内容，涵盖思想政治、历史文化、国家象征标志、祖国壮美河山和历史文化遗产、宪法和法律、国家统一和民族团结、国家安全和国防、英烈和模范人物等方面，该部法律旨在加强爱国主义教育、传承和弘扬爱国主义精神。在新时期，爱国首先表现为要用中国式现代化全面推进中华民族伟大复兴。党的二十大报告指出，"从现在起，中国共产党的中心任务就是团结带领全国各族人民全面建成社会主义现代化强国、实现第二个百年奋斗目标，以中国式现代化全面推进中华民族伟大复兴"①。我们基于中国国情提出中国式现代化道路，为新时代爱国主义指明了前进方向。其次，爱国表现为要贯彻总体国家安全观。爱国主义是调节个人与国家关系的道德要求和政治原则，是实现国家利益的根本保障，爱国主义是维护国家安全与社会和谐稳定的重要因素。最后，爱国表现为要拓展国际视野，努力构建人类命运共同体。新时代的爱国不是封闭式的，而是立足于民族，面向世界的。中国始终以开放的姿态积极参与全球治理，提出"一带一路"倡议、构建人类命运共同体，科学回答时代之问、世界之问。

爱国是具体的、历史的、鲜活的，爱国具有鲜明的时代特征，在不同时期和不同国家有不同的体现。新时代的爱国主义不仅体现为爱自己的国家，还体现为爱祖国的大好河山、爱祖国的灿烂文化、爱自己的骨肉同胞，心系国家的前途和命运。爱国是一种民族情感和责任意识，它不仅是个人情感的表达，而且是国家繁荣发达的基础。因此，爱国是现代社会公民政治德性的首要德目。

二　敬业

在中国传统文化中，"敬业"出自《礼记·学记》中的"敬业乐群"一词，强调要专心学习，乐于和朋友们一起讨论学习上的问题。在《说文

---

①　习近平：《高举中国特色社会主义伟大旗帜　为全面建设社会主义现代化国家而团结奋斗——在中国共产党第二十次全国代表大会上的报告》，人民出版社，2022，第 21 页。

解字》里，"敬"表示严肃认真，"业"则用来表示事业。《论语》将"敬"看作修身的基本法则，认为它是做事的前提条件。《孟子》认为"敬"是要对人尊敬、礼貌。由此，从中国传统文化可以看出，"敬"和"业"已经包括了"敬业"的含义，敬业属于道德范畴，并成为一种道德价值观。

西方的敬业思想最早可以追溯到古希腊城邦时期，随着社会文明的进步和社会生产力的发展，敬业已经成为衡量一个人道德高尚与否的重要标准，是人们获得相互信任和相互认可的重要衡量尺度。中世纪时期，城邦瓦解，宗教兴起，上帝成为道德的唯一源泉，职业劳动也被赋予神圣性。敬业逐渐成为上帝的旨意，每个人都要全心全意完成自己的工作，才能获得上帝的恩宠。这个时期的敬业思想发生了重大转变。马丁·路德提出"因信称义"的观念，认为只有完成上帝安排的任务，才能获得心灵的救赎，这在一定程度上肯定了职业的地位。到了文艺复兴时期，思想家们更加强调个性解放，提出以人为中心，这一思想让个人追求自由得到道德上的辩护，敬业思想也蒙上了个人私利的色彩。由此可以看出，西方的敬业思想带有一定的阶级属性和个人利益，敬业思想逐渐成为符合西方道德要求的经济活动，是西方社会发展的必然产物。

马克思在《青年在选择职业时的考虑》中具体论述了他对职业的态度，他认为只有兢兢业业地完成工作才能得到社会的尊重，才能实现人生真正的自由。恩格斯从本质上论述了劳动的重要性，他指出，"劳动是一切财富的源泉。"[①] 劳动使人与自然界紧密联系，人们通过劳动创造物质财富和精神财富，离开了人的劳动，自然也没有了意义，这就要求人应该在劳动中实现自我的价值。敬业就是劳动最好的体现，就是对人本身最大的尊重。列宁也十分重视劳动和敬业对社会发展的意义，他认为，"全人类的首要的生产力就是工人，劳动者。"[②] 劳动是促进社会经济发展的根本动力，是人活动的核心，劳动者首要的就是提高自身的劳动素质，提高自身

---

① 《马克思恩格斯选集》第三卷，人民出版社，2012，第988页。
② 《列宁全集》第三十六卷，人民出版社，1985，第346页。

的职业技术水平。此外，列宁还不断探索提高劳动者积极性和保护劳动者权益的方法，鼓励劳动者以敬业奉献的精神推动社会的发展和进步，这些都为更好的敬业观的构建提供了参考和借鉴。

"敬业"在社会主义核心价值观中属于公民个人层面的价值准则，对公民具有普遍的约束力。新时代的"敬业"是一种爱岗敬业、脚踏实地的职业精神；是一种精益求精、追求卓越的工匠精神；是一种艰苦奋斗、乐于奉献的奋斗精神；是一种开拓创新、求真务实的进取精神。新时代的敬业精神表现出以下三个特点：第一，重视劳动的价值。劳动者通过劳动促进社会生产力的发展，实现自我价值，尊重劳动是新时代的敬业精神的核心。第二，注重人的自由而全面的发展。每个人都能够在各种社会关系中发挥自身优势，满足社会成员的需求，促进劳动者实践能力和道德素养的提升。第三，注重个人价值和社会价值的统一。个人在劳动过程中会与社会发生一定的联系，个人通过敬业奉献在社会中创造劳动产品，得到社会的认可，反映了个人价值和社会价值的统一。

在实现中国式现代化的征途中，敬业是每一个公民必须内化于心并外化于行的政治德性。习近平同志指出，"新形势下，我国工人阶级和广大劳动群众要继续学先进赶先进，自觉践行社会主义核心价值观，用劳动模范和先进工作者的崇高精神和高尚品格鞭策自己，焕发劳动热情，厚植工匠文化，恪守职业道德，将辛勤劳动、诚实劳动、创造性劳动作为自觉行为。"① 只有热爱自己的职业，保持全身心投入的敬业态度和精益求精的工匠精神，把劳动、创造、贡献视为公民的责任和义务，视劳动为实现个人理想和个人价值的基本途径，公民才能成就精彩人生，努力为实现中华民族伟大复兴中国梦不懈奋斗。

三　勇敢

勇敢是古希腊人非常重视的德性之一。早在《荷马史诗》中，勇敢就是英雄最突出、最受人称赞的品质，这些英雄一般都有着高贵的出身，如

---

① 习近平：《在全国劳动模范和先进工作者表彰大会上的讲话》，人民出版社，2020，第5页。

阿喀琉斯、奥德修斯等。可以说，"勇敢"是英雄的代名词，它不仅代表着个人的美德，还代表着一个家庭和一个共同体的品质。荷马认为，人的德性包括身体素质的优异和军事成就的突出，在战场上表现出勇敢并能取得成功就可以被称为有德者。所以，在古希腊传统中，勇敢既可以用来界定贵族勇士的义务与德性，又可以用来描述作为战士的公民在危险面前的意志与决心。勇敢体现了战斗者坚定的决心，愿意为自由和荣誉而战的精神品质，以及对苦难和不幸的忍耐。

苏格拉底强调"美德即知识"，"勇敢"作为美德的结构要素之一，毫无疑问也是知识。他强调勇敢者要深刻理解什么行为是正确的、什么行为可以达到整体的善，但只拥有这些知识就可以成为勇敢的人是不成立的，拥有知识还只是停留在理论层面，不能真正成为勇敢的人。在《莱克斯篇》中，柏拉图认为勇敢是关于善与恶的知识；在《理想国》中，柏拉图认为勇敢是一种能力，这种能力体现在任何条件下都能够坚守正确且合乎法律的信念。

亚里士多德则把勇敢看作一种面对任何事物都毫无畏惧的品质和德性。亚里士多德在《尼各马可伦理学》中将"勇敢"德性作为第一个具体的德性进行了论述。他在谈论勇敢的范围时认为，"勇敢是恐惧与信心方面的适度"[①]，对坏事物感到恐惧是正确的，然而许多内心胆怯的人外表信心十足，面对真正可怕的事物就会退缩在后，经不起考验，对于这样的人，称不上勇敢。那么，到底什么样的人才可以称得上"勇敢"呢？亚里士多德认为勇敢的人更能忍受危险，敢于面对死亡的人是勇敢的人，但死亡是分场合的，勇敢不是同所有情况下的死相联系的。例如，将因疾病而主动结束自己生命的人和自愿跳水救人的人进行比较，显而易见，后者的行为是高尚的，可以称得上勇敢。勇敢与胆怯相对立，如果只是单纯的有胆量，并不是真正的勇敢。例如，强盗、杀人犯等有胆量的人称不上勇敢，因为他们是以犯罪为目的，不具备高尚的品质。所以，对于下水救人者来说，如果他不会游泳，但他经过理性思考后仍然选择在自己能力范围内对落水者进行营

---

① 〔古希腊〕亚里士多德：《尼各马可伦理学》，廖申白译注，商务印书馆，2003，第83页。

救，这就算得上具备勇敢的品质。亚里士多德对于勇敢的定义不仅是指在战场上无所畏惧，更多的是在理性情感的支配下，自愿保持高尚行为的一种品质或德性，"勇敢的人是因一个高尚高贵的目的之故而承受着勇敢所要求承受的那些事物，而做出勇敢所要求做出的那些行动的。"①

《新华字典》把"勇"解释为有胆量、敢干，引申为不推脱。《伦理学大辞典》把"勇敢"解释为："为实现一定道德目的而不怕困难、危险和牺牲的精神和行为，对人们行为和品质的一种肯定性评价的道德范畴，是社会和时代的产物。"② 对于个人而言，勇敢对自己家庭的幸福、事业的成功都发挥着重要的作用。在倡导和平的年代，在全面建设社会主义现代化国家的新征程上，一个人的勇敢是不够的，还需要齐心协力共同发扬以爱国主义为核心的、勤劳勇敢的伟大民族精神，在强化个人勇敢品格的基础上，勇于承担保家卫国的责任，为实现中华民族伟大复兴贡献力量。

四　仁爱

仁爱思想早在先秦时期就已经形成，主要以孔子、孟子、荀子为代表。孔子的思想以"仁"为中心，以"爱"来践行。"我欲仁，斯仁至矣"③ 强调"仁"是一个不断运动的状态，只要心中有仁，并朝着这个方向努力，仁就一定会到来。孟子继孔子之后对仁爱思想作出进一步论述。孟子的仁爱思想不仅以人为中心，还涉及万物，正如"亲亲而仁民，仁民而爱物"④，一个人先亲近父母才会对他人仁慈，对他人仁慈就会爱惜身边的事物。孟子的仁爱思想是在"性善论"的基础上提出的，带有浓厚的感情色彩，孟子所谈到的爱是指爱世间的万物，希望能达到仁的最高境界。荀子的仁爱思想在强调"仁爱""亲亲"的基础上，更加突出"礼"的重要性。"体恭敬而心忠信，术礼义而情爱人"⑤，告诉我们人只要心存恭敬和忠信，礼貌待人，就算身处困境，别人也会尊重你，所以人应该严于律

① 〔古希腊〕亚里士多德：《尼各马可伦理学》，廖申白译注，商务印书馆，2003，第86页。
② 朱贻庭主编《伦理学大辞典》，上海辞书出版社，2002，第46页。
③ 《论语》，陈晓芬译注，中华书局，2016，第90页。
④ 朱熹：《四书章句集注》，中华书局，2011，第340页。
⑤ 《荀子》，方勇、李波译注，中华书局，2015，第18页。

己，严以修身。"仁，爱也，故亲。"荀子认为"仁"就是爱，人与人之间应该相互亲近，"仁爱"是君子必备的高尚道德情操，君子爱人是相互尊重的过程，且君臣之间的爱是统一的。可以说荀子的仁爱思想是一种大爱思想，以礼为基础，更加强调爱己、爱国、爱天下。

到了汉代，董仲舒从爱他人的角度出发提出"仁之法，在爱人，不在爱我"，如果只爱自己，而不爱他人，就算不上真正的仁爱。韩愈则将"博爱"看作"仁爱"，认为"仁"和"义"紧密相连，只有实现了"仁"和"义"，才能实现"道"。此外，韩愈在礼乐制度中也强调"仁、义、礼、乐"的重要性。董仲舒和韩愈在继承仁爱思想的基础上，更加强调博爱思想，是对儒家仁爱思想的发展与延续。两宋时期，仁爱思想得到进一步发展。张载从"如天"和"恻隐"两个方面解释仁爱思想，打破阶级之间的局限性，既是一种平等的、全面的仁爱，也是一种统治阶级对待下层民众的关爱。朱熹认为，仁爱包括仁、义、礼、智四德，仁是人的本质属性，是一种天生的秉性，每个人都应该有这个秉性。王阳明提出"致良知"，"良知"是一种道德观念，要通过知行合一达到孝、忠、悌、信等道德境界。此外，他也提出博爱思想，将理论与实践结合，超越一切障碍，实现仁爱。"致良知"和"万物一体之仁"共同促进了儒家仁爱思想的发展。近代以来，儒家仁爱思想上升到一个新的境界，思想家从不同的角度解释仁爱，赋予仁爱思想特殊的时代内涵。康有为认为，仁是推动事物运动和变化的根源。谭嗣同将"仁"等同于"人"，认为人是万物的中心，仁爱思想要与时代相结合，为时代所用。龚自珍强调人人平等，施仁政就应该推行平等思想。儒家仁爱思想是中国传统文化的重要组成部分，"仁"作为仁爱思想的核心，其内涵越来越丰富，时代特征也越来越明显，我们今天所阐述的仁爱思想，也被赋予了时代内涵，体现在以下几方面。首先是仁者爱人。"仁"就是爱人，孔子认为"仁"是做人的基本素质，拥有"仁"才可以做一个真情实感的人。后来，仁爱的对象更加广泛，"老吾老以及人之老，幼吾幼以及人之幼"和"仁者爱人，有礼者敬"都体现出儒家仁爱思想向"仁民"的转变。"仁民而爱物"则体现仁爱对象不仅包括人，还包括物，把民、物结合起来，内涵更加丰富。其次是克己复礼。

"克己复礼",即克制住欲望,让自己的言行符合道德规范,才会达到仁的要求。当然,克己和复礼是不能割裂的,克己是复礼的前提,要想有仁爱之心,就必须先克制自己的私欲,才能达到复礼的境界。"克己复礼"更多的是强调个体要遵从道德规范和法律要求。再次是忠恕之道。"忠"是从主观方面看,自己所想达到的也要帮助别人达到,即做人要主动为他人着想;"恕"是从客观方面看,应该将心比心,自己不想要的不要强加给他人,即做任何事情都应该先替他人考虑。只有将忠道和恕道结合起来才能体现仁爱思想。最后是知行合一。"知"指的是人的道德认知,"行"指的是人的道德实践,即要将理论和实践结合,"知"与"行"两者相互促进,才能践行仁爱思想。

由此可见,中国传统文化所倡导的仁爱是一种大爱和博爱。"仁"是以关爱亲人为起点的,每个人都应该做到孝敬父母、尊敬师长,以仁爱之心推己及人。中华优秀传统文化中的仁爱思想为公民道德建设提供了丰富的资源,也为个人品德、家庭美德、职业道德、社会公德建设提供了源泉和动力。

仁爱思想强调人与人之间的关爱、理解和尊重,这是公民道德建设的基础,有助于形成互助、友爱、和谐的社会氛围。仁爱思想中推崇的善良、宽容、诚信等品质,是公民道德建设的重要组成部分,也是衡量一个人道德水平高低的重要标准。仁爱思想对于推动社会进步与发展也具有积极作用,一个充满仁爱的社会,必然是一个和谐、稳定、繁荣的社会。因此,仁爱思想不仅是公民道德建设的基础,也是培养公民道德品质,推动社会进步和发展的重要力量。

五 公正

公正是公民政治德性的重要德目,公正可以称为"一切德性的总括"。在西方伦理思想中,"公正"一般等同于"正义""正当",古希腊"四主德"即智慧、勇敢、节制、正义或公正,几乎涵盖了整个德性,是完全被认可的道德行为。柏拉图将公正看作"四主德"的首领,并把公正分为国家公正和灵魂公正两大类型。其中,国家公正不分等级,是社会整体功能的体现，是每个人各居其位的问题；灵魂公正指的是个人公正，灵魂公正也担负各个部分的灵魂问题，更加突出整个灵魂秩序的特性。在苏格拉底和柏拉图的对话中，苏格拉底把公正归类为既因本身也因结果所需要的善，这个善可以理解为今生和来世的酬报，是一种有用、有益的善。"你认为正义是至善之一，是世上最好的东西之一。"① 我们也可以将苏格拉底所认为的公正理解为神和现世的人们所赋予公正之人的奖赏和报酬，以及人们因公正所带来的其他善的事物。柏拉图进一步突破旧式的观念，认为公正首先在国家，其次才是个人，公正是一种普遍的秩序，公正似乎可以涵盖一切美德，因为一个公正的人可以协调多方面的能力，管理好自己的灵魂。所以公正与幸福密不可分，公正的人是幸福的人，公正的生活也是幸福的生活。柏拉图所设想的理想国家是共和国，而公正是实现理想国家的唯一途径，为了更好地实现公正，柏拉图认为应该维护阶级特权，并把"谁来统治国家"置于政治理论的中心问题。亚里士多德将公正定义为守法和平等，公正包括总体意义上的公正和具体的公正，公正在某种意义上是最为完全的总体德性，因为它是总体的德性的实践。"它是完全的，因为具有公正德性的人不仅能对他自身运用其德性，而且还能对邻人运用其德性。"② 公正促进了其他人的利益，总体意义上的公正关乎好人的行为，具体的公正则表现为荣誉、钱物等共同财产的分配公正和关于个人交易的分配公正两种。在分配公正中，应该对待人平等的人平等对待，对待人不平等的人区别对待。由此可以看出，亚里士多德所认为的公正是一种价值取向，是实践的体现。

孔子心怀天下，提出了公正思想。孔子的公正思想是建立在仁爱思想的基础上，并以"礼义"作为判断公正的标准。在政治领域方面，孔子强调名正言顺，必须给统治者正名，统治者自身要端正自己的道德品质，对天下百姓来说才是公平的。在经济领域方面，孔子强调生产要顺应民心，提出"均而安"的分配观，即在礼的等级制度下进行合理分配，真正做到

---

① 〔古希腊〕柏拉图：《理想国》，郭斌和、张竹明译，商务印书馆，1986，第56页。

② 〔古希腊〕亚里士多德：《尼各马可伦理学》，廖申白译注，商务印书馆，2003，第143页。

分配的公正，国家才能长治久安。在文化与教育领域方面，孔子主张"有教无类""因材施教"的教育理念，打破奴隶主贵族对教育的垄断，创办私学，强调对个体的尊重，这些都是教育公正的体现。孔子的公正思想是以修身齐家治国平天下为目的的，这一价值取向即使在现代，仍为我们提供了精神滋养和行动指南。

在社会主义核心价值观中，公正强调的是社会层面的公正，公正具体表现为制度的公正和分配的公正。制度具有规范性，制度公正是社会公正的重要评价标准。例如，我国人民民主专政的政治制度体现了人民是国家的主人，保障了人民当家做主的权利，这是公正的体现。在社会生活中，各种法律制度的存在是为了维护个人利益、集体利益和国家利益，当这些利益得到维护时就是公正的体现。分配公正主要是解决贫富差距过大的问题，分配是否公正主要体现在生产资料的分配和劳动报酬的分配两个方面。在生产资料方面，坚持以公有制为主体，多种所有制经济共同发展，以先富带后富，实现共同富裕。在劳动报酬方面，坚持按劳分配为主体，多种分配方式并存的分配制度体现了人人平等的理念，是对人的尊重。无论是制度公正还是分配公正，在不同层面都体现了人在实现社会公正中的主体地位的公正，是以人为本的体现。

中国特色社会主义公正观是大力发展生产力、始终坚持以人民为中心、坚持共同富裕、努力改善民生问题的公正观。生产力的发展水平是衡量社会发展进步的重要指标，也是社会公正得以实现的物质基础，只有解决好教育、医疗、社会保障等民生问题，才能实现社会公正，朝着共同富裕的目标迈进。中国特色社会主义公正观既强调理论也注重实践，更加突出人民的主体性地位，为广大发展中国家摆脱贫困、实现公正提供了重要理论支撑。

六　忠诚

在日常道德生活中，忠诚是一种最基本的美德。东西方关于忠诚的思想源远流长，对现代社会的政治文明和生活产生了重要影响。忠诚最早出现于西方的效忠誓言中，其最初用来指忠于法律或忠于合法的政府，后来扩展为忠贞、忠心、服从等含义。在日常道德生活中，忠诚不仅指效忠、忠心、顺从等，还有尽心尽力、不屈不挠、绝对可靠和信用等意思。忠诚的内涵如此丰富，在英语词汇中，几乎没有一个词可以取代它。

在古希腊时期，先哲们就提出"忠于城邦""忠于法律""忠于优良政体"等忠诚理念，规范了公民的政治取向，为西方的政治文明奠定了优良的基础。苏格拉底一生都热爱雅典城邦和法律，他认为所有公民都应该无条件尊重并服从城邦的法律，因为法律赋予公民生活的政治权利，呵护每个公民个体。在苏格拉底看来，国家的地位高于父母的地位，即使国家对公民有不公，公民也不能报复，如果违背国家的法律，不仅是在法律上犯了罪，而且是在伦理上犯了罪，所以公民要忠诚于法律，对法律无条件忠诚就是对城邦的忠诚，亦是对民主的忠诚。柏拉图作为苏格拉底的学生，同样认为公民应该服从国家的统治，并提出自己的忠诚观：一方面，政府应该寻求老百姓的利益。柏拉图在辩论城邦政府的目的和职能时强调，一个理想国家的目标，应该为了全体公民最大幸福，铸造一个整体的幸福国家。另一方面，每个阶层的公民都应该忠于职守。理想的国家主要由受过哲学教育的统治阶层、保卫国家的武士阶层和平民阶层组成，每个阶层的公民都应该恪守其职。其中武士阶层代表国家的正义，应该忠于职守，忠于自己的职责使命，这才是对城邦最大的忠诚。亚里士多德在继承和发展前人忠诚观的基础上又提出自己的观点，将忠诚上升到一个新的高度。首先，公民要效忠于现行的政体。"凡是想担任一个城邦中最高职务和执掌最高权力的人，必须具备三个条件，效忠于现行政体就是重要条件之一。"[①]　其次，公民应该轮番为政。每个人都是城邦的一部分，每个人都有想要过政治生活的愿望，大家应该按照规定时期轮流执政。最后，城邦的目的在于谋取人类的优质生活。城邦在本质是至高无上的社会团体，城邦的存在是为了协调所有人的幸福生活，要考虑城邦建设的地理位置及其各种设施的安全。公民只有将所有的忠诚都献给城邦，城邦才会安稳和谐。

在中世纪的欧洲国家，教会占据最高统治地位，其忠诚观主要反映在

---

① 〔古希腊〕亚里士多德：《政治学》，吴寿彭译，商务印书馆，1965，第275页。

神学框架的基督教文化中。奥古斯丁认为，上帝是至高无上的，人类的肉体应该服从于灵魂、忠诚于上帝，由此可以看出他对上帝充满了忠诚和敬重之情。他把公民对上帝的信仰和对世俗社会的忠诚达成统一，要求公民用实际行动体现对世俗社会的忠诚，对世俗社会忠诚的过程也是对上帝忠诚的体现。托马斯·阿奎那作为中世纪经院哲学家和神学家，他认为教会的目的是认识上帝，教会高于国家、世俗服从于教会，其实质在于维护封建宗教神学和教会的利益。马基雅维利为了维护国家的主权和民族尊严，在《君主论》中阐述了忠诚思想。其一，君主要取信于民。君主要设法得到人民的支持，这样当君主身处逆境时就可以得到安全保障，也就是说君主要以人民的利益为重，才能使臣民绝对效忠于君主。其二，还应该建立一支忠诚的军队，"信义"是评判一支良好军队的重要标准。到了近代，西方的忠诚观主要表现为"忠诚于国家""忠诚于政府"等理念。霍布斯在《利维坦》中指出，公民要忠诚于国家，服从国家的权威，这样才能保障公民的人身安全和基本权益。此外，他还反对分权，强调公民要绝对忠诚于君主个人，君主具有至高无上的权威，立法、司法、行政、财政等权力都应该集中在君主一个人手中。英国政治学家洛克主张捍卫人的生命、自由和财产权，政府的目的是保护私有财产和为人民谋福利，必须忠诚于给予政府权力的人民。法国启蒙思想家卢梭认为，政治不能与道德分离，基于这一认识，他提出主权在民的思想，每个公民都是国家权力的主人，每个公民都可以担任国家的官吏。此外，他还强调所有臣民都要服从公意，履行国家义务，臣民只有履行其义务才能维护其权利。以上思想都体现出西方社会的忠诚观，蕴含着平等、理性、责任、民主等精神。

在中国，早在春秋战国时期，"忠"的观念就已经出现了。春秋战国时期"忠"的本义是做事尽心尽力，强调的是一种对待他人的态度，后来在此基础上衍生出"利民""为公"等思想。孔子在《论语》中所谈到的"忠"包括修养、处世、为政等方面，是对个人道德修养的基本要求。首先，忠诚是个人必不可少的品德。"君子不重则不威，学则不固"，君子只有自身加强学习，具备忠诚品德，才能得到他人的尊重，并且在生活中要用"忠信笃实"时时刻刻提醒自己，把忠诚当作个人道德的主要追求。其次，把忠诚当作与他人相处之道。在与他人交往时，"忠心诚意""忠告而善道之"是最好的处世原则。最后，忠诚应该是对待工作的原则和对待国家的正确价值取向。孔子提出"文、行、忠、信"，就是要求每个人在工作中忠于职守，以高度的责任感完成自己的工作任务；对待国家要秉持"忠君爱国"的思想，忠于自己的国家是个人应该担负的责任，亦是个人应该遵循的道德规范。《论语》所提倡的为人忠诚、待人忠诚、忠于工作、忠于国家的思想观念在当今社会仍是每个公民都应该具备的基本道德规范和价值取向，为公民个人道德建设提供了宝贵的借鉴，不仅对公民个人的价值观、人生观、世界观的形成具有重要意义，同时对公民个人道德发展水平和道德责任培育起着指导作用。

七 守规

从公民德性层面来说，"守规"主要是指在一定的社会环境和文化背景下，公民的道德行为必须遵循一定的规则和法律制度。"守"在于遵守、恪守、服从，"规"在于规矩、准则、法规。起初"规"和"矩"两个字是分开使用的，后来才渐渐把"规"和"矩"合起来用。"规矩"连用最早出现于《孟子·离娄上》："离娄之明，公输子之巧，不以规矩，不能成方圆。"[①] 大意是像离娄这种视力敏锐的人、公输子这种技能娴熟的人，如果不借助规和矩这两样工具，也难以做出合适的方圆器物出来。可以看出，"规"和"矩"在春秋时代早已出现，但当时它们特指实用的工具。"规"和"矩"作为实用的工具时，两者的功能有不同之处，"规"是用来绘制圆形的工具，"矩"是用来绘制直角和正方形的工具。孟子曰："规矩，方圆之至也；圣人，人伦之至也。"[②] 根据《辞海》的解释，规矩有三种含义：其一，规和矩是用来矫正圆形和方形的两种实用工具。其二，理解为规则、礼法。其三，理解为成规、惯例。此外，在中国古代社会，规矩往往与法有着密切的联系，荀子指出，"《礼》者，法之大分，类之纲纪

---

① 朱熹：《四书章句集注》，中华书局，2011，第257页。
② 朱熹：《四书章句集注》，中华书局，2011，第259页。

者。"① 即法令、律令等政府公布的政令，如同圆规、方规、线规一样，是所有官吏、民众都必须遵守的标准。在这里，规矩引申为标准或法律准绳的意思。通过对规矩的分析，我们可以发现规矩有规章制度、法律法规、礼法等含义，既包括成文的规矩，又包括不成文的规矩。

规矩起源于人类的实践活动，并在实践活动中不断发展和完善。规矩的主体是人，规矩是客观存在的，规矩的存在是为了满足人们在实践、生产、生活等活动中的需要，是为了维护公民与社会之间良好的秩序，对公民的行为有一定的约束和规范作用，其最终目的是维护人类的生存与发展，每个公民都应该守规矩。马克思恩格斯对加强无产阶级纪律建设的必要性以及如何加强无产阶级纪律建设进行了具体阐述，他们在《共产主义者同盟章程》第一章提出："所有盟员一律平等"②，既保障了组织的严密，又展示了所有盟员的平等性。列宁继承了马克思和恩格斯关于无产阶级纪律建设这一规矩意识，他提出民主集中制的思想，使其成为党内必须遵循的组织原则，他认为组织越是严密集中，就越能保持党的战斗力，他提出建立一个代表工人阶级的团结有力、组织严密且遵守纪律和规矩的党，主张党内开展批评与自我批评。中国共产党在成立之初就一直强调加强党的纪律建设，毛泽东同志在党的六届六中全会上提出全党上下必须遵循"个人服从组织"的纪律。中国共产党在领导人民军队建设过程中，始终将纪律建设作为核心任务，制定"三大纪律八项注意"等规定，并推进部队规范化建设，使党的纪律更具有权威性。新中国成立后，中共中央即成立中央纪律检查委员会，由朱德兼任书记，明确将"加强党内纪律教育"作为核心职责。

习近平总书记指出："坚持党性原则，关键是立规矩、讲规矩、守规矩"。③ 首先，党员干部要树立规矩意识，做到讲规矩、守规矩，才能保持共产党员的本色，实现政治上的清明。"党的各级组织要自觉担负起执行

① 《荀子》，方勇、李波译注，中华书局，2015，第 7 页。
② 《共产党宣言》，中共中央马克思恩格斯列宁斯大林著作编译局编译，人民出版社，2014，第 139 页。
③ 《习近平著作选读》第一卷，人民出版社，2023，第 313 页。

和维护政治纪律的责任，加强对党员遵守政治纪律的教育。"① 要加强党员干部的党章意识，规范党员干部的用权意识，使党员干部保持清醒的头脑，使规矩意识内化于心、外化于行。其次，要以规矩意识引领全社会的风气。党员干部要发挥表率和示范作用，努力用优良的党风带动全社会的优良风气，引导全社会形成优良作风，促进社会和谐发展。

树立规矩意识有助于激励公民自觉规范自己的言行举止，提升公民的思想觉悟和道德水平，推动公民政治德性的养成。守规既是主体自律性的体现，是向善行善的道德行为，也是每一个公民必须践行的行为准则。

八　合作

合作是人类生存和发展的必然选择，人类自古以来就有着合作意识，随着社会分工的细化，社会发展更依赖个体之间的相互合作。合作指共同创作、共同从事某一项活动，强调多个人的参与。具体可以解释为：为达到一定目的或目标，个体和群体之间相互配合、彼此协调、共同行动去完成某一项任务的方式。在英文词汇中，"cooperation" 被翻译为合作，它是由 "co" 和 "operation" 组成的，"co" 作为前缀有一起、共同、相互、联合等意思，"operation" 则表示行动、操作、运营等含义，结合起来看，"cooperation" 原本的意思是一起行动、共同操作，所以将其解释为合作。"合作"源于拉丁文，空想社会主义奠基者托马斯·莫尔在《乌托邦》一书中设想了一个乌托邦式的消灭私有制的理想社会，在这个社会里，一切财产归全体人所有，每个人都要参加劳动，产品根据需要分配，这在一定程度上孕育了合作经济思想。19 世纪初，圣西门、傅立叶、欧文提出了改造资本主义制度的构想，合作经济的思想已经有了雏形，傅立叶提出把全体成员共同劳动、共同生活的生产消费合作社作为未来"和谐社会"的基层组织。在中国，合作思想早已有之。《论语》中有："己欲立而立人，己欲达而达人。"② 倡导成员之间相互支持，相互成就，只有大家都能发展进步，合作

---

① 《习近平谈治国理政》，外文出版社，2014，第 386-387 页。
② 《论语》，陈晓芬译注，中华书局，2016，第 75 页。

才能更加平稳和长久,实现共同的目标。《说文解字》中的"合"指嘴巴的张合,"作"开始意为人突然站起来,后来引申为行动。合作从其本义和引申义来看,指的是两个或者两个以上的个体共同去完成某些行动。在这过程中,我们一般要求个体有着一致的目标,合作者之间能取得相互的信任和支持。到了现代,我们更加注重合作精神、合作能力、团队合作、团队精神等,集体为了达到共同的目标,在行动上相互配合才能取得共同利益。合作在本质上不仅是学习、工作和生活的方式方法,更是一种人生态度和价值取向的体现。

中国自古以来强调以和为贵,中国文化的合作精神与集体主义有着密切关系。马克思认为,在集体中,每个人都可以得到自由发展。集体主义作为公民道德建设的一项原则,是社会主义精神文明建设的必然要求,是人类文明发展的必然,更是时代精神和民族精神的体现。从当今社会来看,合作精神就是整体意识、协作精神、集体观念的集中体现,个体表现出强烈的归属感和共同感,并在此基础上为实现共同利益和目标而团结协作、全力以赴。现如今,大到国家的发展,小到个人生活都需要合作精神,合作精神是新时代集体主义和爱国主义的集中体现。

培育公民的合作品质,需要公民具有公共精神、责任意识和批判性思维。公共精神反映的是公民精神中"公共"的一面,公共精神是公共生活及公共社会的基本属性与内在规定,体现在积极参与公共事务、维护公共利益、具备公共理性等方面。[1] 公共精神既是公民在参与公共生活的过程中所产生的一种为实现自身利益和价值的行为方式,也是一种公民在履行公共生活准则和维护共同利益中所体现出来的精神境界。公民在合作中所表现出的公共精神主要有积极参与社会生活、关心集体利益、尊重和信任他人等道德品质。责任意识体现了公民的主体性,公民责任是公民履行其公民身份和承担社会公共善的义务的体现,是个体认同公共利益的一种社会行动,有助于公民美德的塑造。批判性思维强调公民思考问题的全面性,不仅要独立思考,还要有多元价值判断,在思考过后能够以理性且包容的方法去解决公共

---

① 冯建军:《公民品格培育与公共生活建构》,人民出版社,2023,第10—11页。

问题，从而在一定程度上提升公民的社会责任感。

随着全球化和信息化的不断发展，无论是个体之间，还是团体之间、国家之间，相互尊重、互相合作成为必不可挡的发展趋势，公民要顺应社会发展趋势，提升合作意识与合作能力，还要以公共生活作为导向，激发公民自愿参与公共事务的热情，形成互相尊重和共同发展的合作意识。

九　卓越

"卓越"是人生的最高境界，这种超越现实、追求理想的卓越精神是人与动物的内在根本区别。人的积极品质主要包括智慧、仁爱、正义、节制、超越等美德，其中超越是人的积极品质的最高层次，如马斯洛需要层次理论中实现自我最高需求一样，在促进人的全面发展、追求幸福生活和实现人生理想过程中发挥着积极的作用。

在中国，庄子最早提出"超越"一词，庄子理想的人格境界是对人生困境的超脱，它具有真实性和理想性，庄子将对人的境遇的思考等同于对生命本真意义的超越和追求。庄子的超越思想与公民卓越品质的追求是有区别的。庄子超越思想是关于人生境遇的思考，公民卓越品质是人类为追求美好生活表现出来的道德品质。西方国家关于卓越品质的研究可以追溯到古希腊时期，亚里士多德认为卓越是一种品质，这种品质是使一个事物状态良好并能促进人的现实活动完满美好的品质。古希腊时期，人们就开始注重对自身审美的追求，善于在生活中发现美和追求美，他们认为卓越与公民德性密不可分。古希腊人对于卓越的定义主要包括两点，其一是表现优秀，其二是判断是否卓越的标准在于事物本身。亚里士多德将人的生活分为享乐的生活、政治的生活、沉思的生活三种，其中享乐的生活追求肉体上的快乐，更多是动物体验，不是人卓越品质的表现。卓越是人性的完满和人格的完善，是人追求自身自由且全面发展的精神品质，在追求这个积极的精神品质过程中，人类也在不断成长和进步，并为此感到幸福和快乐。

公民自觉培养卓越的品格对践行社会主义核心价值观的重要性是不言而喻的，"爱国、敬业、诚信、友善"是每个公民都应该追求的价值标准和行为准则，公民的卓越品格应该在以上四个方面都有所体现。第一，要有天下兴亡、匹夫有责的爱国精神，做一名爱国的公民。范仲淹怀着"先天下之忧而忧，后天下之乐而乐"的人生态度，始终把国家利益和民族利益放在首位，展现出伟大的抱负；朱德将"投笔从戎去，刷新旧国风"作为自己的青春誓言，打破北洋军阀不败的神话，在井冈风云、长征大雾、太行飞雪、延安灯火中都留下历史的足迹。爱国主义精神从古至今永存于世，现代公民应该坚持爱国立场，拥有爱国主义情怀。第二，要有"善学者能，多能者成"的敬业精神，做一名敬业的公民。张桂梅秉持"红梅傲雪开，桂馥兰香来"的敬业精神，坚守教育的初心，在群峰之巅俯视平庸的沟壑；黄文秀在百色的大山中留下最美的韶华，在脱贫攻坚的战场上是一朵醒目的黄花。每个人都在平凡的岗位上奉献自己的力量，脚踏实地做好自己的工作，无愧于国家，更无愧于人民。第三，要有"以信立身，以诚处事"的诚信品格，做一名诚实守信的公民。陈廷海秉持"只有还清，我才能挺直腰板做人！"的初心，将"诚信"二字写在自己人生的答卷上，被人亲切地称为"信义老农"。中国人强调"人无信不立"，只有当个体的善和责任得到充分重视，社会公共秩序和公共文明才能得到稳定和维护，"信"与"义"是每一个公民都应该传承的精神力量。第四，要有"取人为善、与人为善"的友善态度，做一名友善的公民。比如歌手韩红，心怀大爱，为震后灾民送去关爱，是友善精神使她的生命熠熠生辉。作为现代公民，要保持一种友善态度，提高自身修养；处理好与他人的关系，构建和谐社会。"爱人者，人恒爱之"，公民应该在榜样的激励下积极践行社会主义核心价值观，自觉培养非凡卓越的公民品格。

人无精神则不立，国无精神则不强。责任感、忠诚度、主动性是企业员工卓越品质的重要衡量标准；精益求精、坚韧不拔、臻于完善是奥运健儿们的卓越追求。卓越作为公民政治德性的基本德目之一，是个人能力和素质的体现，是公民对更高境界的价值追求。

十　节制

节制与智慧、勇敢、正义是柏拉图在《理想国》中探讨的"四大美德",但在柏拉图《理想国》之前,古希腊哲人就已经开始探讨节制思想,最早可以追溯到《荷马史诗》。《荷马史诗》分为《伊利亚特》和《奥德赛》两部分,在古希腊历史上具有独特的价值,里面虽然没有具体论述节制的思想,但是有迹可循。《伊利亚特》主要描写了古希腊人与特洛伊人的一场战争,爱神阿芙罗狄忒帮助特洛伊王子帕里斯拐走了斯巴达王后海伦,引发了十年战争。这部史诗的主要人物充斥着贪婪与欲望的放纵,体现出古希腊人个人本位的价值观。争夺金苹果的三位女神、因渴望战利品而去羞辱阿喀琉斯的阿伽门农都没有节制的美德并招致恶果。阿喀琉斯最后在自己好友离开、军队伤亡惨重的情况下,才对自己的感情进行了节制,放下个人恩怨,战争最后以阿喀琉斯杀死赫克托尔结束。在这场战争中,阿喀琉斯表现出个人欲望的节制,战士们为了战争舍弃家业,表现出部落精神的节制,众人为了荣誉、愤怒而对自己的欲望和情感进行控制,表现出节制的美德。《奥德赛》主要描述了奥德修斯在战争结束后经历了十年漂泊返回家园的故事。在这十年中,奥德修斯经历了许多磨难。例如,在归途中,奥德修斯和同伴们听到女妖塞壬动听且具有诱惑力的歌声丧失了心智,同伴们抵挡不住诱惑,奥德赛则在神女的指导下让同伴将自己捆绑在支架上抵挡诱惑,并最终安全驶离。整部史诗中,奥德修斯的节制美德体现得十分明显,奥德修斯的节制也与其他人的贪婪与放纵形成强烈的对比。

苏格拉底作为古希腊伟大的哲学家,对节制思想有着自己独特的见解。苏格拉底认为"节制"与"自制"意思相近,是一种健全的理智,可以指导人们做有益的事情,达到最大的快乐。苏格拉底也一直付诸实践,正如色诺芬强调:"苏格拉底是一个能以微薄的收入而生活得最满意的人,他对各种享乐都能下最克制的工夫。"[①] 苏格拉底认为只有节制的人才能够享受值得称赞的快乐,所以他一直以身作则,不仅自己的生活朴素,而且向世人展现了节制的好处,指导人们幸福地生活。苏格拉底的节制思想十分丰富,从美德的内涵来看,节制是一种知识,拥有节制的知识,自然就

---

① 〔古希腊〕色诺芬:《回忆苏格拉底》,吴永泉译,商务印书馆,1984,第9页。

会控制自己的欲望，这个欲望包括物欲和色欲两个方面。从目的来看，节制是为了做出明智的选择，追求更好的善。苏格拉底认为，"凡是知道并且实行美好的事情，懂得什么是丑恶的事情而且加以谨慎防范的人，都是既智慧而又明智的人"①，而对于那些明知道自己要做什么却不那么做的人既不智慧也不节制，只有愿意做对自己有益的事情的人才是智慧和节制的人。苏格拉底将节制比作智慧，认为它们本质上是相同的。从最后的结果来看，节制会带给人们幸福美好的生活，节制是人们幸福生活的基础和前提。在日常生活中，苏格拉底结交朋友的首要前提是这个人必须有节制的美德，他能够控制自己的欲望，对待朋友真诚，结交这样的朋友才对自己有益处。

"节制"在希腊语中写为"sōphrosunē"，国外大多数英译者将其译为"temperance"。柏拉图的节制思想主要集中于《卡尔弥德篇》和《理想国》两本著作中，他从自我认知、对欲望的控制、一致性与协调性三个方面对节制思想进行了界定。柏拉图在《卡尔弥德篇》中具体论述了自我认知，他给节制下了七种定义，分别为：节制是沉着；节制是谦逊；节制是做自己的事；节制是做好事；节制是有自知之明；节制是以其自身及其他学问为研究对象的学问；节制是知道自己所知道的和不知道的。后三者将节制归结为一种知识，知道自己所知道的和不知道的，即对自我的一种认知。在《理想国》中，柏拉图提出："节制是一种好秩序或对某些快乐与欲望的控制。"②可以看出，柏拉图强调的是一种适度的欲望。在个人层面，节制是个人理性对个人的欲望、快乐等方面的控制；在国家层面，城邦的节制是代表理性的哲学王对小孩、女人、奴隶等被统治者的统治，这是一种具有阶级性的节制美德。柏拉图认为节制还存在一致性和协调性，"节制就是天性优秀和天性低劣的部分在谁应当统治，谁应当被统治——不管是在国家还是在个人身上——这个问题所表现出来的一致性和协调性"③。从个人层面来看，欲望和理性的方向保持一致；从国家层面来看，被统治者自愿接受统

---

① 〔古希腊〕色诺芬：《回忆苏格拉底》，吴永泉译，商务印书馆，1984，第118页。
② 〔古希腊〕柏拉图：《理想国》，郭斌和、张竹明译，商务印书馆，1986，第152页。
③ 〔古希腊〕柏拉图：《理想国》，郭斌和、张竹明译，商务印书馆，1986，第154页。

治者的统治。这种一致性和协调性主要体现为欲望的自觉让步和理性的自然统治。总结来说，柏拉图的节制思想是每个人都应该具有的德性，这种德性是一种从自身角度出发，能有效促进个人与城邦和谐的德性。

节制作为一种德性，它净化着我们的心灵，指导着我们的一言一行，是我们人之为人的根本所在。在被欲望所支配的现代社会，我们需要结合时代要求和中华优秀传统文化对节制思想进行创造性转化和创新性发展，促进个人价值的实现，促进人们生活更加幸福和谐。

第三节　现代社会公民政治德性的总体特征

在经济、社会、文化快速发展的现代社会，厘清公民政治德性的基本特征，对于进一步培育现代社会的好公民有重要作用。经过分析和总结，本书尝试提炼出现代社会公民政治德性的基本特征，即普适性、稳定性、统一性、指向性和实践性。

一　普适性

普适性强调某一事物普遍适用于同类对象或者事物的性质，现代社会公民政治德性不只是适合特定的德性，更是适合全人类的德性。麦金太尔认为德性是相对的、具有历史性的，他强调每一种德性都是相对于某一社会体系而言的，即不同的文化体现不同的德性。虽然麦金太尔的观点从历史发展的角度来看是正确的，随着历史的发展，不同的道德文化体系有着不同的德性，但这仅是对历史事实的描述，从伦理学的角度来看，这种观点还存在一定的局限性。首先，有许多德性是相同的，例如古希腊的智慧、勇敢、节制、公正、友爱等德性在不同的民族和地区都得到了认可，是一种优良的品质。其次，伦理学家需要确立德性的一般原则，并且根据这些原则来审查人类已经存在的一些德性，从而确定哪些德性是真正的德性，在这基础上，进一步构建适合现代社会公民的具有普适性的政治德性。

二 稳定性

稳定性指的是德性作为一种品质，并不是与生俱来的，而是经过长期社会实践形成的，这种品质一旦形成就很难改变，会逐渐演变为比较稳定的精神定势。"德性作为品质是对认识、情感（包括情绪）、意志、行为活动具有稳定的规范和导向作用，并通过这些活动体现出来的意向或心理定势。"① 这种定势在某种意义上成为人的第二天性，并具有恒常的性质。德性不仅体现在行为方面，而且在认识、情感和意志等活动中体现为稳定的态度。人作为主体实实在在地存在着，人的存在会经历一个历时性的过程，但不管时间怎么发生变化，道德主体一直都是同一个。所以，虽然人的具体环境遭遇可以发生变化，但人的德性一般不会随环境遭遇的改变而改变，环境的可变性与德性的相对不变性，体现了德性相对稳定的特征。

三 统一性

德性的统一性最早由苏格拉底提出，他不认同德性是由许多不同部分构成的。在苏格拉底看来，只存在一种德性，那些所谓的其他"德性"只是这一种德性衍生出来的不同名字。苏格拉底在《普罗泰戈拉篇》的结尾部分认为，正义、节制、勇敢等所有的德性只可能是同一事物，这一事物就是知识。智慧的人运用这些知识，在不同的场合进行明智的选择。苏格拉底在《欧绪德谟篇》中又进一步指出，智慧就是有关善恶本质的知识，智慧是唯一的德性，也是唯一能使人快乐的东西。智慧和知识是苏格拉底一直关注的重要内容。柏拉图和亚里士多德也赞同德性是统一的，但他们更加强调德性是由许多方面构成的，情感、动机也是德性形成的重要条件。亚里士多德认为，"明智是一种德性而不是一种技艺"②，在知识之外还需要其他条件才能拥有德性。他认为，拥有一种德性，就拥有了其余全部的德性。正如亚里士多德指出，"纯粹的合乎逻各斯的品质会被遗忘，

---

① 江畅：《德性论》，人民出版社，2011，第34页。
② 〔古希腊〕亚里士多德：《尼各马可伦理学》，廖申白译注，商务印书馆，2003，第190页。

明智则不会。"①

现代社会公民政治德性具有统一性的特征，公民政治德性都以道德智慧为基础，所有公民政治德性都是智慧的体现。道德智慧对于品质具有重要作用，智慧是德性的总体，所以现代社会公民政治德性在品质衡量上是统一的。现代社会公民政治德性的统一性特征还体现在不同德性之间是相互关联和相互促进的，一种德性和多种德性相互联系有助于形成一种新的德性，一种德性和另外一种德性相互强化有助于德性更加稳定，也有助于德性水平的提高。此外，德性不仅涉及个人，还关系到对他人、对整个群体的方方面面，体现出德性之间相互联系的状态。德性的这种相互关联和相互促进的状态，既体现在相同类型的德性之间，也体现在不同类型的德性之间。

四　指向性

指向性在物理学和心理学中有不同的解释。公民政治德性的指向性必须放在实际生活中来理解，不能只根据公民政治德性本身去理解，否则看不到公民政治德性的本质。任何一种德性不是目的本身，而是有所指向的。公民政治德性所指向的目的在不同的价值体系中是不同的，在不同的社会中公民政治德性指向的目的也有所不同。亚里士多德肯定德性的指向性，尽管很多现代的伦理学家对于亚里士多德的观点不太赞同，他们仍然把德性看作目的本身，但是归根结底公民政治德性的目的指向和服务于实践者能够生存得更好。例如，在体育课教学中，学生通过各种方式进行体育锻炼，其目的是让学生具有强健的体魄，将来更好地生存和服务于社会。学生上劳动教育课，则是为了让学生通过自身劳动体验劳动之辛苦，树立正确的劳动观和职业观。综上，公民政治德性的指向性体现在政治德性对人的认识、情感、意志、行为等方面所起到的指导作用。

五　实践性

实践是人们有目的地探索和改造客观世界的活动，它强调人类在实际

---

① 〔古希腊〕亚里士多德：《尼各马可伦理学》，廖申白译注，商务印书馆，2003，第190页。

生活中所表现出来的行动和经验。余纪元曾经指出，德性伦理学在中国古代和希腊都被称为实践科学，这种实践科学强调德性的养成在于更好地指导人们的生活。可以说德性本质上是与道德实践生活紧密联系在一起的，拥有好的德性品质可以指导道德主体做出良好的道德行为。

亚里士多德将德性分为理智德性和伦理德性两类，其中理智德性主要是在认识事物方面所具有的德性，伦理德性则是在实践中所体现出来的德性。亚里士多德在《尼各马可伦理学》中指出："既然我们现在的研究与其他研究不同，不是思辨的，而有一种实践的目的（因为我们不是为了了解德性，而是为使自己有德性，否则这种研究就毫无用处），我们就必须研究实践的性质，研究我们应当怎样实践。"[1] 在亚里士多德看来，研究德性的理论知识，并不是最终目的。我们之所以十分关注德性的理论知识，是为了成为善良的人和具有德性的人，而且只有通过培养道德主体的道德品质才能成为一种具有德性的人。亚里士多德反复强调实践在德性中的决定性作用，认为德性只有通过实践才能养成和体现，可以说德性本质上是一种实践活动。朱熹曾在读《论语》《孟子》时指出："凡看语孟且须熟读玩味。须将圣人言语切己，不可只作一场话说。人只看得二书切己，终身尽多也。"[2] 朱熹强调读书的目的不仅是理解书本本身的内涵，更重要的是要学会反思，并且将圣人之意和自己的实际生活联系起来，将学到的知识运用到道德实践中去，才能更好地指导实际生活。

"我们不是先获得德性再做合德性的事，而是通过做合德性的事而成为有德性的人。"[3] 道德品质和行动具有直接的关联，一个良好德性品格的表现必然要通过实际行动呈现，良好的政治德性不仅可以从理论层面指导公民如何成为善良或者具有优良德性品质的人，而且可以指导公民如何更好地开展政治领域中的道德实践，从而成为一个真正拥有优良道德品质的政治行为者。

---

① 〔古希腊〕亚里士多德：《尼各马可伦理学》，廖申白译注，商务印书馆，2003，第39页。
② 朱熹：《四书章句集注》，中华书局，2011，第47页。
③ 〔古希腊〕亚里士多德：《尼各马可伦理学》，廖申白译注，商务印书馆，2003，第xxviii。

第三章　现代社会公民政治德性养成的必要性

党的二十大擘画了全面建设社会主义现代化强国的路线图，强调要"以中国式现代化全面推进中华民族伟大复兴"①。现代社会公民政治德性养成是实现中国式现代化的客观要求、实现人类文明新形态的实践要求以及实现人的自由全面发展的内在要求。

第一节　现代社会公民政治德性养成是实现中国式现代化的客观要求

中国特色社会主义进入新时代，推进中国式现代化建设对公民个人政治德性养成提出了更高的要求。党的二十大报告对中国式现代化的本质要求作出了明确说明，即"坚持中国共产党领导，坚持中国特色社会主义，实现高质量发展，发展全过程人民民主，丰富人民精神世界，实现全体人民共同富裕，促进人与自然和谐共生，推动构建人类命运共同体，创造人类文明新形态"。② 这要求现代公民应具有更高水平的政治德性与之相匹配。党的二十大报告明确提出，"从现在起，中国共产党的中心任务就是团结带领全国各族人民全面建成社会主义现代化强国、实现第二个百年奋

---

① 习近平：《高举中国特色社会主义伟大旗帜 为全面建设社会主义现代化国家而团结奋斗——在中国共产党第二十次全国代表大会上的报告》，人民出版社，2022，第21页。

② 习近平：《高举中国特色社会主义伟大旗帜 为全面建设社会主义现代化国家而团结奋斗——在中国共产党第二十次全国代表大会上的报告》，人民出版社，2022，第23-24页。

斗目标，以中国式现代化全面推进中华民族伟大复兴"。① 实现中华民族伟大复兴离不开公民政治德性的培育与提升。

2019 年中共中央、国务院印发《新时代公民道德建设实施纲要》（以下简称《纲要》）提出，要全面推进社会公德、职业道德、家庭美德和个人品德建设，不断提升公民道德素质，促进人的全面发展，为推进中国式现代化建设提供智力支持。《纲要》强调个人品德培养在推动社会文明进步中的基础作用，其中爱国奉献、明礼遵规、勤劳善良、宽厚正直、自强自立五个方面的品德构成了一套完整的价值体系。《纲要》鼓励人们在日常生活中养成好品行；推动践行以文明礼貌、助人为乐、爱护公物、保护环境、遵纪守法为主要内容的社会公德，鼓励人们在社会上做一个好公民。一方面，中国式现代化的提出助推社会主义"好公民"的养成。中国式现代化的发展丰富了公民的精神世界，扩大了公民政治参与，为公民个人政治德性养成提供了实践基础，公民政治德性养成作为政治文明中的重要组成部分，成为中国式现代化进程中的重要环节。另一方面，"好公民"的培育对于中国式现代化具有极为重要的作用，培育"好公民"有助于增强公民的政治参与意识和参与能力，推进国家治理体系和治理能力现代化；培育"好公民"有助于提高公民的法治意识和社会责任感，减少社会矛盾和冲突；有助于提升国家治理的科学性和民主性，提升国家治理效能；有助于增强公民对国家的认同感和归属感，增强国家凝聚力。

一 公民政治德性养成是实现中国式现代化的重要途径

党的十九大提出，到 2035 年我国要基本建成法治国家、法治政府、法治社会。这个目标的实现不仅需要党和政府的顶层设计与制度保障，同时也需要广大公民积极理性的政治参与，公民要具备良好的政治德性。培育社会主义"好公民"是实现中国式现代化的重要条件，国家治理体系和治理能力现代化离不开公民政治德性的养成，这对于培育适应中国式现代化

---

① 习近平：《高举中国特色社会主义伟大旗帜 为全面建设社会主义现代化国家而团结奋斗——在中国共产党第二十次全国代表大会上的报告》，人民出版社，2022，第 21 页。

的"好公民"具有至关重要的作用。

（一）适应新时代社会主要矛盾变化的需要

新时代，我国已进入高质量发展阶段，"社会主要矛盾已经转化为人民日益增长的美好生活需要和不平衡不充分的发展之间的矛盾"①，人们对民主、法治、公平、正义、安全、环境等方面的要求不断提高，人们对精神文明建设的期望愈加热切，对于社会政治生活参与的意愿更加强烈，因此培育公民政治德性亦更加重要。当前，在中国式现代化建设进程中，国家所要求的公民政治德性水平同公民现阶段已有的政治德性水平之间仍存在一定差距，公民的权责意识、理性的公共参与意识以及法治意识依旧有所欠缺，这些都导致公民政治德性水平无法适应社会主义现代化强国建设的需要。因此，应当加强公民政治德性建设，提高公民政治德性养成的自觉，提高公民的获得感和满意感，培育公民的法治思维，提升公民的政治德性水平，以更好地适应新时代社会主要矛盾的变化。

（二）坚持依法治国与以德治国相结合的要求

在中共中央政治局第三十七次集体学习时，习近平总书记深刻指出："必须坚持依法治国和以德治国相结合，使法治和德治在国家治理中相互补充、相互促进、相得益彰，推进国家治理体系和治理能力现代化。"② 这一论断强调既要推进社会主义法治建设，也要强化社会主义公民道德建设，加强对现代公民个人德性的培养。公民只有在具有良好的政治德性水平的情况下，才能依法行使民主政治参与权利，理性参与公共事务。此外，符合道德导向和社会需求的法律也鼓励公民自觉遵守法律，积极参与对法律实施的监督，这是公民政治德性养成中的重要环节。

法律是成文的道德，道德是内心的法律。法律和道德两者都具有规范社会行为、调节社会关系、维护社会秩序的作用，在国家治理中都有其地位和功能。我国历来强调依法治国与以德治国相结合，德治与法治就像车之两轮，不可或缺。全面依法治国是国家治理的一场深刻革命，法律的制

---

① 《习近平著作选读》第二卷，人民出版社，2023，第 328 页。
② 《习近平谈治国理政》第二卷，人民出版社，2017，第 133 页。

定需要考虑人民的意愿和需求，法律的权威来自公民内心的认同，公民政治德性养成对于培育公民法治意识、权责意识、理性参与具有重要作用。公民依法行使民主政治权利需要以正确的政治德性为指导，政治德性是指引公民参与政治生活的内在准则，它有助于确保政治决策的公正性。在法律的制定过程中，公民积极主动地参与法律的制定过程，广泛而理性地为法律制定者和实施者提供反馈和建议，确保法律能够反映人民的真实需求和意志。公民政治德性是法治建设有力的推动剂，它们在日常政治生活中培养与塑造公民个体行为，促使公民更加关注社会公共利益和公平正义，促使公民有序参与政治生活，促进社会和谐，维护社会稳定，维护国家安全。

（三）推进国家治理体系和治理能力现代化的要求

习近平总书记在党的十八届三中全会第二次全体会议上的讲话指出，"坚持把完善和发展中国特色社会主义制度，推进国家治理体系和治理能力现代化作为全面深化改革的总目标"。① 在这一背景下，公民政治德性对国家治理体系和治理能力现代化的促进作用日益凸显。首先，公民政治德性养成是社会主义精神文明建设的一部分，中国式现代化进程中，需要将我国公民政治德性的要求、原则、任务和目标纳入法治体系，以确保公平公正地保障公民在政治生活中的基本权益。其次，法治与德治的紧密结合程度是反映国家治理能力的关键指标，这种结合不仅有助于解决社会问题，还涵盖了经济、社会、政治、文化等领域。法治与德治的结合有助于建立更为稳定和谐的社会，提高国家治理效能，树立良好的国家形象，提升软实力。最后，公民政治德性是政治参与的基础，是国家治理体系和治理能力的重要组成部分，只有在具备良好政治德性的前提下，公民才能积极参与政治生活，合理表达诉求，促进社会的公平正义，推动国家和社会的长期繁荣和稳定。

二 推进公民政治德性养成对于中国式现代化的重要意义

亚里士多德认为，公民应该具备善良、高尚和有德行的品质，因为只

---

① 《习近平著作选读》第一卷，人民出版社，2023，第178页。

有这样的人才能够通过政治活动实现最高的道德善。亚里士多德强调，公民的道德责任对社会体制和政治体制具有重要影响。他认为对德性的研究属于政治学，主张政治社会应该培养具备良好政治德性的"好公民"，这些公民不仅具备自我管理和承担公共责任的能力，还具备积极追求个人幸福与社会共同幸福和谐统一的能力。如果没有积极公民所表现出来的居于底线之上的某些政治德性，国家就不可能正常运转；同样，如果没有消极公民所表现出来的居于底线之上的社会德性，社会也不可能正常运转，现代社会应通过提升公民政治德性水平，构建一个更加富有责任感和参与精神的社会。培育和提升公民政治德性水平有助于塑造一个充满积极价值观和高度社会责任感的社会，为实现中国式现代化提供坚实的道德基础和伦理基础，推动社会的发展、政治的稳定以及国家的可持续发展。

1. 公民政治德性是中国式现代化建设的重要保障

习近平总书记指出，"一个现代化国家必然是法治国家"①，强调法治对现代化的基础性作用。法治是中国式现代化的重要保障，现代化的进程对法治国家建设提出了更高的要求，我国要建立适应自身国情的中国特色社会主义法治体系，而推进新时代中国特色社会主义法治体系建设的落脚点在于人，正如习近平总书记所指出的，"现代化的本质是人的现代化"②。公民政治德性养成对于规范与协调现代化进程中公共生活的各种冲突与矛盾有着重要的作用。中国特色社会主义法治体系建设，需要全体公民的积极参与。如果公民在政治参与和公共讨论中缺乏良好的政治德性，社会就会陷入无序混乱的状态，甚至阻碍现代化建设的进程。换言之，现代化建设需要培养合格公民，甚至是"好公民"。良好的公民政治德性是法治建设的基础与保障，它有助于公民有序参与社会主义法治建设与现代化建设。我们要将依法治国与以德治国相结合，强化法律对道德建设的引导作用，同时不断提升公民的道德修养水平，建立健全社会道德法治基础。依法治国强调通过强制力规范社会行为，保障基本社会秩序和公民权利，而

---

① 《习近平关于协调推进"四个全面"战略布局论述摘编》，中央文献出版社，2015，第109页。
② 《全面建成小康社会重要文献选编》（下），人民出版社、新华出版社，2022，第762页。

以德治国则强调通过道德教化提升社会整体文明水平，例如，弘扬社会主义核心价值观，倡导诚信、友善等公序良俗。两者一刚一柔，形成社会治理的完整闭环。实际上，社会主义现代化建设与法治国家建设最终都必须落实到每个公民的政治思想与政治行为中才能得以实现，无论国家的现代化蓝图设计得多么完美，若没有具备一定政治德性水平的公民参与，法治中国便无法真正实现。换句话说，拥有良好的政治德性的公民是法治中国实现的重要保障。

2. 公民政治德性是中国式现代化的重要精神内核

党的十九大报告指出："中国特色社会主义进入新时代，我国社会主要矛盾已经转化为人民日益增长的美好生活需要和不平衡不充分的发展之间的矛盾。"[1] 新时代以来，我国社会主义现代化建设取得了举世瞩目的成就，国民收入水平连上新的台阶，中国共产党和中国人民迎来了中华民族从站起来、富起来到强起来的伟大飞跃。人民对美好生活的向往更加强烈，不仅对物质生活提出了更高的要求，而且在民主、法治、公平、正义、安全等方面的需求也日益增长。党的二十大报告指出，要弘扬社会主义法治精神，传承中华优秀传统法律文化，引导全体人民做社会主义法治的忠实崇尚者、自觉遵守者、坚定捍卫者。[2] 2019 年 10 月，中共中央、国务院印发的《新时代公民道德建设实施纲要》明确指出，加强公民道德建设是全面建设社会主义现代化强国的战略任务，将当代中国新时代公民道德建设的成果列为衡量国家治理和社会发展的重要指标，通过提升全社会的道德水平为现代化建设提供精神动力和价值支撑。新时代公民道德建设不仅要培养公民的社会公德、职业道德、家庭美德及个人品德，还要将公民道德建设融入中国式现代化事业中，推进精神文明与物质文明的协同发展，直接服务于现代化事业。

3. 公民政治德性水平是衡量一个国家现代化的重要标准

公民政治德性与中国式现代化的关系是双向的。一方面，公民政治德

① 习近平：《决胜全面建成小康社会 夺取新时代中国特色社会主义伟大胜利——在中国共产党第十九次全国代表大会上的报告》，人民出版社，2017，第 11 页。

② 习近平：《高举中国特色社会主义伟大旗帜 为全面建设社会主义现代化国家而团结奋斗——在中国共产党第二十次全国代表大会上的报告》，人民出版社，2022，第 42 页。

性是中国式现代化的基础与保障，公民政治德性能增强中国式现代化愿景的号召力，提升公民的政治道德，促进中国式现代化健康发展；另一方面，中国式现代化为公民政治德性提供了制度保障，营造了积极有利的社会氛围。在一定程度上来说，公民政治德性水平是衡量一个国家现代化的标准，也是现代化的象征，体现着一个国家的治理能力和治理水平。随着社会现代化程度的不断提高，对公民政治德性的要求也不断提高。一个社会的公民只有具备了良好的政治德性才能有序参与自由、公正、平等的政治生活，即公民在公共政治生活中超越个人善，推进公共善的确定倾向。[①]从而营造一个和谐、稳定、可持续的社会。习近平总书记强调，要"弘扬社会主义法治精神，传承中华优秀传统法律文化，引导全体人民做社会主义法治的忠实崇尚者、自觉遵守者、坚定捍卫者，努力使尊法学法守法用法在全社会蔚然成风"。[②]一方面，现代社会要求公民树立法治观念，参与公共讨论，参与政治事务；另一方面，随着社会主义现代化的持续推进，对公民政治德性的要求也逐渐提高。公民政治德性作为现代社会文明进步的象征，是展示我国公民精神风貌的重要方面，对我国现代化建设产生了重要的推动作用。

三　中国式现代化建设需培育具有中国特色的公民政治德性

公民作为现代社会的主体，为适应中国式现代化建设需要，应培育具有中国特色的现代社会公民政治德性，除公平、公正、自由、平等、忠诚、勇敢等基于平等的、无差异的一般政治德性外，还应培育公民的法治意识、权责意识与理性的政治参与意识等公民政治德性。

1. 法治意识

"良好的公民角色扮演需要将主体意识与公共意识结合起来，把行使权利与履行义务统一起来。"[③]树立法治意识是培育公民政治德性的重要内

---

① 史彤彪：《公民德性与法治转型》，《华东政法大学学报》2018年第3期。
② 习近平：《高举中国特色社会主义伟大旗帜　为全面建设社会主义现代化国家而团结奋斗——在中国共产党第二十次全国代表大会上的报告》，人民出版社，2022，第42页。
③ 张凤阳等：《政治哲学关键词》，江苏人民出版社，2022，第146页。

容。公民的法治意识体现为知法、懂法、用法和守法的统一。习近平总书记指出："只有内心尊崇法治，才能行为遵守法律。只有铭刻在人们心中的法治，才是真正牢不可破的法治。"① 为营造全社会尊法学法守法用法的风尚，2021 年 6 月，《中共中央宣传部、司法部关于开展法治宣传教育的第八个五年规划（2021—2025 年）》提出，要实施公民法治素养提升行动，分步骤、有重点地持续推进，不断提升全体公民的法治意识和法治素养，推进全民守法。公民具有较高的法治素养是实现全面依法治国的重要前提。只有持续提升公民法治素养，使人人尊法学法守法用法蔚然成风，法治中国建设才能真正成为现实。在建设法治社会中，要积极宣扬社会主义法治理念，树立宪法和法律的最高权威，倡导法律面前人人平等的法治观念，培养全社会的法治信仰，提高人们的法治意识和法治素养。中国式现代化的实现需要健全的法制体系作为保障，公民的法治意识是法治体系的重要组成部分。在中国式现代化建设过程中，只有通过不断提升公民的法治意识，使每个人都能够尊重法律、遵守法律，并激发他们积极守法和捍卫法治的愿望，才能真正使法治的力量深入人心，使法治成为现实生活的基石。提升公民的法治意识可以促使他们更积极地参与国家建设和发展，确保法律的有效实施，有助于推动中国特色社会主义法治体系不断完善。

党的二十大报告提出，"坚持全面依法治国，推进法治中国建设"②。"在法治轨道上全面建设社会主义现代化国家"③。全面依法治国必然伴随国家治理向制度化、民主化、法治化转型，对公民参与政治事务与公共决策的要求更高。面对中国式现代化建设进程中社会生活的巨大变化，我们必须大力推进公民政治德性养成，强化公民政治德性对法治建设的支持作用。一方面，一个稳定的社会，不仅需要一套符合正义的法治体系，也需要具有良好素质的公民。要不断提升公民法治意识和法治素养，推进全民守法。如果公民普遍具有良好的法治素养，他们将更加守法，减

---

① 《习近平关于社会主义政治建设论述摘编》，中央文献出版社，2017，第 97 页。
② 习近平：《高举中国特色社会主义伟大旗帜　为全面建设社会主义现代化国家而团结奋斗——在中国共产党第二十次全国代表大会上的报告》，人民出版社，2022，第 40 页。
③ 同②。

少违法行为，降低社会矛盾和冲突，有助于维护社会的稳定和安宁，有助于促进公平正义。另一方面，要加强教育引导，实行公民终身法治教育制度，把法治教育纳入干部教育体系、国民教育体系、社会教育体系，让尊法、学法、守法、用法成为公民的自觉行为和必备素质。

2. 权责意识

权责意识是指个体在政治道德意识层面领悟到权利和责任之间的紧密联系，主动识别并接受与其公民角色相关的权利和责任。这种道德意识使公民有能力在特定的社会准则下，自觉地行使其权利，并积极履行相关的义务。中国式现代化进程中，政治德性的建构不仅依赖外在社会制度的构建，还需要法治体系的健全和完善。权责知识的宣传与教育以及权责意识的养成是公民政治德性养成的重要目标，培育同中国式现代化建设相匹配的公民权责意识是公民政治德性养成的一项重要内容。公民权责意识的培育意味着在现代化建设过程中，要引导公民积极承担现代化建设的基本责任，维护与保障公民合法权益。权责意识是公民在公共生活中积极参与的内在驱动力，是独立、自主、负责的公民品格在现实生活中的具体体现。

权责意识是公民政治德性的重要内容之一，培育公民的权责意识在中国式现代化进程中具有重要意义。公民行使权利时也需承担责任，应遵守法律法规，不损害他人、社会和国家的利益，这是公民的基本责任。当前，需要动员全社会的力量，加大宣传教育力度，推动形成家庭、学校、单位、社区、社会的合力，培育公民的权责意识，营造培育积极向上的社会氛围。

3. 公民的理性政治参与

公民的理性政治参与是指公民通过合法、有序的方式，主动参与政治生活并影响公共政策或公共事务的行为。公民通过合法的方式和理性的方式来表达自身或其所在组织的利益诉求，为公共事务与公共决策建言献策。理性的方式是指公民在政治参与和公共决策过程中保持冷静的头脑，而不是凭冲动行事，能够使用理性的思维和方式向政府等公共决策主体表达自身的利益诉求，在这个过程中养成公民政治德性。德性实践的目标是使公民过上幸福的生活，如亚里士多德认为"幸福就是合乎德性的现实活动"①，亚里士多德强调公民的政治参与要具有理智德性。当今时代，公民政治德性的实践便是如此。在中国式现代化建设的进程中，公民在政治参与和公共决策过程中要符合德性的要求，才能在政治德性的实践中收获幸福。古希腊的先哲们倡导公民为善，公民善，则城邦善，这些都是通过公民理性参与城邦生活、政治生活来实现的。公民在参与政治事务与公共决策中应具备相应的道德品质，不仅要理性有序，而且要有公共的社会关怀。公共利益的实现是个人私利得以实现的保障和基础，要防止出现非理性的政治参与行为，如缺乏对公共利益的关注，只是维护一己私利，就会导致社会陷入无序。国家为公民提供政治参与的机会，但也要求公民在政治参与中遵循基本道德准则和公共理性。就此而言，公民不仅要有道德行动，还需要具有从事政治道德实践的美好品质，即在政治实践过程中注重培育公民政治德性。

第二节　实现人类文明新形态的实践要求

2021年，在庆祝中国共产党成立100周年大会上，习近平总书记指出，"我们坚持和发展中国特色社会主义，推动物质文明、政治文明、精神文明、社会文明、生态文明协调发展，创造了中国式现代化新道路，创造了人类文明新形态"。② 人类文明新形态是中国共产党在领导中国特色社会主义实践中提出的重要概念，是中国共产党在马克思主义文明观指导下，对中华优秀传统文化进行创造性转化形成的文明成果。人类文明新形态的"新"体现在"当代中国的伟大社会变革，不是简单延续我国历史文化的母版，不是简单套用马克思主义经典作家设想的模板，不是其他国家社会主义实践的再版，也不是国外现代化发展的翻版。"③ 它以全新的文明形态开创了不同于西方资本主义国家的现代化新路径。人类文明新形态是

---

① 〔古希腊〕亚里士多德：《尼各马科伦理学》，苗力田译，中国人民大学出版社，2003，第22页。
② 《习近平谈治国理政》第四卷，外文出版社，2022，第10页。
③ 《习近平谈治国理政》第三卷，外文出版社，2020，第76页。

中国式现代化的重要结晶，始终坚持以人民为中心，坚持走共同富裕、和平发展的道路，把人民对美好生活的向往作为奋斗目标。人类文明新形态打破了"文明冲突论""现代化＝西方化""历史终结论""西方中心论"等迷思，不仅超越了西方资本主义文明，实现了对资本主义工业文明的扬弃，而且为广大发展中国家走向现代化提供了全新的选择，为人类探索现代化道路提供了中国经验，体现了继承性和创新性、主体性和开放性、民族性和世界性的统一。①

　　公民政治德性的养成，需要中华优秀传统文化提供多方面的涵养和引导。人类文明新形态既遵循马克思主义关于人类社会发展规律的认识，又根植于"和而大同""天下大同"等中华文化基因，形成了独特的文明话语体系。"和"是中华传统文化重要的价值理念之一，中国自古以来倡导"和为贵"的理念。在孔子的思想观念中，"和"代表了一个人的道德品质和为人处世的智慧，这一观念也逐渐被中华民族传承下来。墨家反对战争，希望国家之间、人与人之间和平相处，墨家的"和"体现了国与国之间、人与人之间的和平相处之道。人类文明新形态始终秉持着"协和万邦"的价值理念，坚持走和平发展道路，为公民政治德性养成提供了现实借鉴意义。"民为邦本，本固邦宁"的"民本"思想是中国优秀的传统文化，强调百姓是国家的根本。人类文明新形态吸收中国古代的民本思想，坚持"人民至上"的价值理念，为公民政治德性养成提供了以人民为中心的道德导向。"大同"理想是中华优秀传统文化中的重要理念，是中国人民孜孜以求的崇高社会理想。社会"天下为公"、邻国"讲信修睦"是中国人民对理想大同社会的向往和憧憬。人类文明新形态继承了中华优秀传统文化的大同社会理想，着力改善民生，推进医疗、教育、就业等方面的改革，为现代社会公民政治德性养成提供了物质保障。

　　公民政治德性建设及其所要实现的目标既是人类文明新形态的现实要求，也是这一新形态文明的集中体现。有学者认为，中国特色社会主义代表了一种新的人类文明形态，其特征如下：以"五个文明"为主要支撑，

①　陈志刚：《人类文明新形态的内在意蕴》，《红旗文稿》2025 年第 1 期。

以"以人民为中心"为核心价值，坚持"中国共产党领导"，以"构建人类命运共同体"为全球治理目标。这种新文明形态在国际舞台上独具特色，为世界文明的进步和发展做出了杰出贡献。[①] 坚持发展中国特色社会主义，建设现代化国家离不开公民在政治参与、政治事务中体现的道德品质。一方面，公民的政治德性水平体现着现代化国家的国家形象，是国家现代文明的重要标志，一个现代化强国必定意味着其公民具备并展示出较高的思想水平和道德品质。另一方面，公民政治德性也是现代化强国建设的可持续内在动力，有助于激发国家整体的创新精神和创造力，推动国家在各个领域的繁荣和进步。

一　推进新时代文明建设的实践需要

习近平总书记指出："精神的力量是无穷的，道德的力量也是无穷的。"[②] 公民唯有具备一定的政治德性素养和坚定的文化自信，才能内生出推动国家治理体系和治理能力现代化的强大精神动力。当前，社会处在转型的关键阶段，公民对于政治参与和表达的需求日益增长，他们渴望有更多的机会和渠道参与社会事务的决策，为社会的公正和进步贡献自己的力量。现代社会要培育与提升公民政治德性水平，形成良好的社会风气。只有在优良社会风气的引导下，人们才不会沉迷于物质主义、拜金主义、享乐主义的汪洋大海，才能积极向上，推进中国式现代化建设。

1. 推进以共同富裕为价值导向的物质文明建设的需要

党的十八大以来，我国经济社会快速发展，随着经济的发展，在社会中出现了部分公民过分追求个人利益的现象，公民法治意识与权责意识相对薄弱，这些问题导致公民在参与政治事务与公共事务过程中存在道德失范、道德观念模糊等现象，长此以往可能影响社会经济的发展，因此，积极推动公民道德规范的引领工作，加快公民政治德性养成已成为持续推动物质文明发展所需的客观条件。

---

① 邱吉、贾蕾：《"人类文明新形态"的科学内涵》，《马克思主义理论学科研究》2022 年第 8 期。

② 《习近平谈治国理政》第一卷，外文出版社，2018，第 158 页。

正所谓"新故相推，日生不滞"，唯有适应新时代新要求，坚持目标导向和问题导向的统一，才能推进公民政治德性建设，促进以共同富裕为价值导向的物质文明建设。中国共产党积极推动物质文明朝着共同富裕的方向发展，在新时代使近1亿人口摆脱了绝对贫困，完成了全面建成小康社会的第一个百年奋斗目标，为实现共同富裕的物质文明奠定了坚实基础。共同富裕是人类文明在物质文明领域的充分彰显，是实现人的自由全面发展在物质文明领域的内在规定，而公民政治德性养成是实现人的自由而全面发展的重要维度，只有在丰沛的物质文明基础上提升公民政治德性水平，才能促进社会的全面进步和实现人的全面发展。

2. 坚持人民当家作主的政治文明的需要

党的二十大报告指出，"人民民主是社会主义的生命，是全面建设社会主义现代化国家的应有之义"。[①] 强调要"健全人民当家作主制度体系，扩大人民有序政治参与"，[②] 推动全过程人民民主是确保我国国家治理不受历史周期率限制的有效手段，全过程人民民主始终坚持以人民为中心的原则，在选举民主、协商民主、基层民主的基础上，保证人民依法实行民主选举、民主决策、民主管理、民主监督。

现代公民政治德性养成是推进全过程人民民主的重要基础，二者相互促进。政治德性是推进全过程人民民主有效运行的精神内核，全过程人民民主为政治德性培育提供实践场域。习近平总书记指出："每个国家的政治制度都是独特的，都是由这个国家的人民决定的，都是在这个国家历史传承、文化传统、经济社会发展的基础上长期发展、渐进改进、内生性演化的结果。"[③] 净化社会风气在培养成熟的公民意识方面起着重要的作用，在这种社会氛围中，公民能够清醒地意识到自己的权利和义务，提高政治参与的责任感，积极参与构建和谐社会的活动，抵制消极的行为，从而有利于推动政治文明建设不断前进。

---

① 习近平：《高举中国特色社会主义伟大旗帜　为全面建设社会主义现代化国家而团结奋斗——在中国共产党第二十次全国代表大会上的报告》，人民出版社，2022，第37页。

② 习近平：《高举中国特色社会主义伟大旗帜　为全面建设社会主义现代化国家而团结奋斗——在中国共产党第二十次全国代表大会上的报告》，人民出版社，2022，第37页。

③ 《习近平谈治国理政》第二卷，外文出版社，2017，第286页。

3. 建设社会主义文化强国的需要

党的二十大报告强调，"全面建设社会主义现代化国家，必须坚持中国特色的社会主义文化发展道路，增强文化自信，围绕举旗帜、聚民心、育新人、兴文化、展形象建设社会主义文化强国，发展面向现代化、面向世界、面向未来的，民族的科学的大众的社会主义文化，激发全民族文化创新创造活力，增强实现中华民族伟大复兴的精神力量。"① 建设社会主义文化强国需要提升公民的政治德性水平。正如"德性是文明成熟的标志，是文明程度的重要衡量尺度"。② 生产力只是衡量文明程度的一个方面，国家的精神文明建设至关重要。政治德性作为现代社会政治文明的重要部分，是公民政治素质的核心内容和关键因素。2019 年，中共中央、国务院印发《新时代公民道德建设实施纲要》，鼓励人们在社会上做一个好公民，这为不断提高公民的道德水平、政治素养、政治德性提供了遵循，对于培养担当民族复兴大任的新时代公民，推动公民道德素质和社会文明程度达到新高度，具有重大的现实意义。

一个国家公民政治德性的高低，也反映了整个社会的文明程度。社会文明的构建离不开每一个公民的努力与付出，更离不开公民政治德性的支持与保障。当前，要加强公民政治德性培育，就要在政治活动中强调广泛的公共参与、积极的权利主张以及法治意识、创新思维的培养，形成积极健康的政治道德风尚，这有利于培养公民形成良好的政治德性、品质和行为。加强公民政治德性培育有助于提升社会政治文明新风尚，对于整个社会秩序的正常运转和良好道德风尚的形成都具有重要的作用。良好的道德风尚的形成和公序良俗的建立需要全民的共同参与。新时代加强公民政治德性培育有助于培养公民的基本精神品质，使他们能够积极参与公共生活和社会建设，有助于维护社会秩序，形成良好的社会氛围。

4. 推进人与自然和谐共生的生态文明建设需要

自然是物质生产的前提条件，也是人类文明存在的根本基础。人类与

---

① 习近平：《高举中国特色社会主义伟大旗帜 为全面建设社会主义现代化国家而团结奋斗——在中国共产党第二十次全国代表大会上的报告》，人民出版社，2022，第 43 页。
② 陈根法：《德性论》，上海人民出版社，2004，第 173 页。

自然构成了生命共同体，二者在历史长河中相互影响、相互融合。提升公民政治德性水平对于生态文明建设至关重要。2013 年，习近平总书记在主持十八届中央政治局第六次集体学习时指出："建设生态文明，关系人民福祉，关乎民族未来。"① 良好的生态环境被视为人民最大的幸福，而生态环境治理的成功与否也取决于公民环保意识的提升和广泛的公共参与。生态文明建设是系统工程，公民对生态法制制定过程的理解、认知，以及对生态文明方面的权利和义务的接受程度决定了生态文明建设的成功与否。加强公民政治德性培育，引导公民有序参与生态文明建设，努力在全社会营造爱护生态环境的良好氛围，将美丽中国建设转化为全体公民的自觉行动，为生态环境保护做出贡献，这对于促进人与自然和谐共生的生态文明起到了重要作用。加强公民政治德性培育，可以使公民更加关注环境保护，积极参与环境政策制定，自觉承担相应的环境道德责任，积极投身环境保护的实践。

在生态文明建设中，政府应鼓励公民积极参与生态治理，强化生态文明建设的道德合法性和公共利益导向。通过加强对公民生态文明的教育，人们更容易理解和实践生态伦理，减少生态问题对社会的负面影响，为社会可持续发展创造更有利的条件。此外，提高公民政治德性水平还有利于改善公民的生态价值观，促进公民生态意识和行为规范的提升，从而确保生态环境的安全和整体利益，实现个体与自然生态系统的和谐发展。

二　推进构建人类命运共同体的需要

2017 年 12 月，习近平主席对人类命运共同体思想进行了深入阐释，"人类命运共同体，顾名思义，就是每个民族、每个国家的前途命运都紧紧联系在一起，应该风雨同舟，荣辱与共，努力把我们生于斯、长于斯的这个星球建成一个和睦的大家庭，把世界各国人民对美好生活的向往变成现实"。② 人类命运共同体理念内涵丰富，包括共同发展、共同安全、共同治理等多个方面，旨在构建一个更加和谐、繁荣、安全的世界秩序。培育

---

① 《习近平谈治国理政》，外文出版社，2014，第 208 页。
② 《习近平谈治国理政》第三卷，外文出版社，2020，第 433 页。

和提升公民政治德性，有助于推动人类命运共同体的构建和完善，促进世界和平、稳定和繁荣。

1. 构建人类命运共同体为公民政治德性的养成提出了新要求

公民政治德性的形成与发展不是一朝一夕的，我国公民政治德性的养成是一项长期而紧迫的任务。新时代，我们推进公民政治德性的养成面临着许多新情况、新问题和新矛盾，必须适应新的形势要求，抓住有利时机，巩固已有成果，加强薄弱环节，积极探索新对策。构建人类命运共同体对公民政治德性的养成提出了新要求。

第一，人类命运共同体理念为公民政治德性提供价值取向。人类命运共同体理念鼓励人们关注全球的共同利益，强调共享、合作、和谐的核心价值。这种价值取向对公民政治德性提出了新的要求，公民应更加注重培养社会责任感、合作意识、国际视野和共同体意识，为人类命运共同体的构建提供坚实的价值观基础。

第二，人类命运共同体为公民政治德性养成提供新观念。公民政治德性养成是一种有目的、有计划的活动，受思想观念的支配。新时代背景下，公民政治德性养成的环境、内涵、背景、途径都发生了很大的变化，如何根据已经变化的新环境、新特点以及新问题促进公民政治德性养成，在社会变革中不断提升公民政治德性养成的有效性、针对性和积极性，做到与时俱进，是新时代公民政治德性养成在内容与实践方式上需要认真回答的课题。我们应当秉承开放发展的思想，超越陈旧的思想观念束缚，将视野放在更广泛和更长远的格局上，以培育与现代化建设相适应的公民政治德性。

第三，人类命运共同体理念的提出为公民政治德性养成提供了新视角。如何在人类命运共同体视角下推进新时代公民政治德性养成是一个值得探究的新课题。当前，必须紧紧围绕国情，不断关注世情，在已经取得显著成效的基础上，进一步丰富人类命运共同体的内涵，吸收其他文明的先进成果。推进公民政治德性养成可以使公民明确自身在人类命运共同体建设中的积极角色，激发公民对全球治理的参与热情，主动承担起构建人类命运共同体的责任和义务，为构建更加公正、有效的全球治理体系贡献力量。

2. 公民政治德性的养成为构建人类命运共同体提供重要的精神力量

公民政治德性的养成对于构建人类命运共同体至关重要。一个具备完善的政治德性的公民，不仅能够在本国社会中发挥积极作用，还能够在国际舞台上展现出负责任的形象和风范。

公民政治德性的养成为人类命运共同体提供了重要的精神力量，这种精神力量不仅体现在国内层面，还能跨越国界，为构建人类命运共同体提供动力。在全球化的背景下，各国之间的联系越来越紧密，我们需要更多的合作与理解来共同应对各种挑战。培育和提升公民政治德性，正是我们建立这种合作与理解的重要基础。

首先，一个具有较高政治德性的公民，能够积极履行自己的权利和义务，尊重他人的权利和利益，维护社会的公平和正义。这样的公民，不仅能够为本国社会的发展做出贡献，还能够为国际社会的和谐稳定贡献自己的力量。

其次，一个具有较高政治德性的公民，会主动关心国家大事和国际形势，积极表达自己的观点和诉求，推动国家政策的制定和实施更加符合公共利益。公民对公共事务的积极参与和关注，能够增强公民对国家和社会的认同感和归属感，进而促进民众之间的团结和合作。

最后，一个具有较高政治德性的公民，能够遵守法律，尊重规则。在全球化的背景下，各国之间的法律体系和规章制度、文化信仰等都存在差异，一个具有较高政治德性的公民能够尊重其他国家和民族的文化和信仰，这种尊重能够避免因为文化差异和利益冲突引发的国际争端和冲突，促进全球化进程中的和平与合作。

综上所述，人类命运共同体是一个追求共同利益、共同发展和共同繁荣的共同体，公民政治德性的养成有助于推动人类命运共同体的构建，可以让公民更加关注人类共同利益，积极参与国际合作和交流，推动各国之间的互利共赢和共同发展。这样的公民，将成为构建人类命运共同体的坚实基础和重要力量，他们具有全球意识，拥有开放包容的心态；他们积极参与公共事务，尊重法律和规则，推动全球化朝着更加和谐稳定的方向发展，为推动人类命运共同体构建提供了强大的精神动力和人才支持。

三　公民政治德性是丰富人类文明新形态的重要途径

公民政治德性，它不仅是一种道德规则，更是一种精神追求和行为方式。它内蕴了公正、公平、诚信、友爱等社会主义核心价值观，这种价值观不仅是中国特色社会主义文化的重要组成部分，也是中国共产党领导人民创造的人类文明新形态的核心价值内核。

1. 营造积极健康的公共参与氛围

我们要在全社会营造积极健康的社会氛围，同时构建科学的社会参与机制，加强对公民政治参与以及公共决策的引导，使公民形成良好的政治德性。

首先，要发挥社会舆论的引导作用。在当今时代，媒体已成为公民了解政治信息、建言献策以及网络监督的主要途径。特别是随着短视频等可双向互动的新媒介平台的出现，媒体对公民政治德性的养成具有越来越重要的作用。比如其传播速度快、覆盖面广，公民可通过这些渠道快速了解政治、经济、社会生活的最新资讯。可以借助媒体对公民进行有效引导与培育，加强对公民政治德性的宣传教育，提高公民对法治意识、权责意识、公民意识、政治素质以及理性的公共参与等相关知识接触的机会。可借助大众传播平台向他们宣传相关法治内容，培育法治意识，借助公民日常接触频率较高的微信、抖音等平台宣传公民政治德性建设的相关内容，引导公民参与其中，加强讨论与互动，使人们展开思考，从而提升其政治德性水平。

其次，健全公众参与机制。美国学者柯尔伯格指出，道德要想得到全面的发展，不能仅寄望于灌输，以灌输的形式宣传不能起到良好的作用，道德建设要求人们在道德的认知中不断突破自我，从而形成良好的认知力；只有道德判断力发展至一定水平，人们才能对当前不断变化的社会有更好的适应能力，并基于各种环境与情况给予最好的判断。[①] 这表明，要

----

① 〔美〕柯尔伯格：《道德教育的哲学》，魏贤超、柯森等译，浙江教育出版社，2000，第58页。

促使公民养成良好的政治德性，需要制度保证。在中国式现代化建设过程中，要完善公众参与机制，制定相关法律法规，对公民政治参与以及公共决策给予制度保障，同时要构建一套行之有效的公众参与程序制度，拓宽公众参与的渠道，构建信息公开制度，加大对公民参与政治活动的引导，完善民主参与渠道，健全民主参与制度，确保公民更好地参与政治活动中。除此之外，政府也要关注公民政治德性养成过程中出现的各种问题，及时加以引导，密切关注公民政治参与的实际需求，解决公民最关心、最直接、最现实的利益问题，引导公民对公共事务的监督和参与，让权力在阳光下运行，这也是公民政治德性养成的一项重要内容。

2. 将公民政治德性养成融入社会主义精神文明创建活动

《新时代公民道德建设实施纲要》对公民道德教育提出的重点任务是使公民坚定理想信念，在实际生活中自觉践行社会主义核心价值观，传承中华民族传统美德，弘扬民族精神与时代精神。焦国成认为，公民道德的政治性是其主要的属性，公民道德的一般社会性则是其次要的属性。[1] 公民道德既包含公民参与民主政治生活的政治道德，又包含公民参与经济活动的商业道德、参与社会公共生活的社会公德。在中国式现代化建设过程中，要把公民政治德性的养成融入社会主义精神文明创建活动中，可以一些重大节日为载体，组织大规模的庆祝活动和纪念活动，发挥它们的教育作用。如在端午节、国庆节等节假日期间开展相关爱国主义主题教育可以帮助人们了解历史上的爱国人士和先进事迹，学习他们对于家园故土的热爱、对于骨肉同胞的热爱、对于中华优秀传统文化的热爱，培养公民的爱国热情；可以在宪法日开展相关的普法活动，向公民宣传法律知识，帮助公民树立法律意识，助力法治社会与法治国家建设。

随着小康社会的全面建成，物质财富大幅增加，人们对美好生活的需求不断提升，人们对民主权利、社会公平、正义、精神文化需求和生态环境等更高层次的需求日益增强。推进公民政治德性养成还可以促进社会内部成员的和谐共处，有助于营造积极健康的社会氛围，减少社会冲突和分

---

① 焦国成主编《公民道德论》，人民出版社，2004，第109页。

歧，增进人际和谐，从而提高整个社会的文明程度。

3. 公民政治德性养成与制度规范相融通

"之所以德性会成为有利于人更好生存的品质，是因为德性是理智或智慧根椐人谋求生存得更好的本性的根本要求并以人生存得更好为指向自觉培育的"。① 伦理的政治生活是最高层次的德性，这是因为它是达到真正自主和真正自由的唯一途径。国家治理的最高价值目标，就是基于伦理维度的"善治"。② 这是公民对公共善的认同与追求，向善的追求中每个公民都是德性建设的主体。在迈向至善国家的过程中，培养社会主义好公民单靠公民自身的意愿是远远不够的，还必须通过外力作用才能促使公民形成社会所需要的政治道德品质，这种外力主要在于规范与引导，要告诉公民应当怎么做，通过教育引导公民了解相关知识、树立公民意识、增强公民身份认同。在现实生活中，公民的个体认知与情感体验必然存在一定程度的差距，公民政治德性养成对一部分道德水平较高的公民来说效果显著，但是由于存在个体差异性，对部分公民可能作用不明显。因此公民政治德性的养成需要制度的保障与引导，德性如果不加约束，就无法保证永远不出问题，也就是会存在我们在社会生活中看到的道德滑坡问题，所以制度规范就成为不可忽视的公民政治德性教育辅助手段，有约束才会戒肆意。

新时代，在推进中国式现代化建设进程中，虽然公民政治德性建设取得了一定的成绩，但在实际生活中公民政治德性的水平同社会所要求的标准之间依旧存在差距，在公民政治德性培育过程中，要坚持德性与规范相统一的原则，使其相互作用、相辅相成，才能最终使他律走向自律。公民政治德性养成的目标是使公民形成良好道德品质，激发公民追求幸福的道德动力，过上幸福生活。国家对公民的道德期许不仅是成为一个好人，更是要成为一个好公民。公民政治德性养成是通往善治的必经之路。公民政治德性制度规范更加强调的是公共之善，制度规范的目标是要让个体具备公共价值，使社会凝聚有序，使公民完成从一个"好人"向"好公民"的

---

①　江畅：《德性论》，人民出版社，2011，第 33 页。
②　李建华：《国家治理与政治伦理》，湖南大学出版社，2018，第 3 页。

转变，实现社会善治。在政治德性养成的过程中，德性与规范是可以互相转化的。德性作为个人的内在品格，在一定程度上由规范内化而成，通过理性的认知、情感上的认同，自愿地接受，加上环境的影响以及教育的引导，可使道德规范与内在的道德意识相融相通，并充分应用于政治德性的养成实践中，从而形成稳定的政治德性。当公民的政治德性转化为道德实践时，并不是出于对道德规范要求的被动遵循，更多的是自身道德意识的内在呼唤，只有当外在规范真正转化为内在德性，方可做到真正的知行合一。人们只有积极地担当公民角色，彼此之间建立通达的桥梁，才能促进公民合作体系的完善和发展，这也是公民政治德性培育与制度规范相融通的核心要义所在。

第三节　实现人的自由而全面发展的内在要求

人的自由而全面发展从人出发，强调人的需要的全面发展、人的劳动能力的全面发展、人的社会关系的全面发展。人的需要是人的自然属性，即人的本性，根据马斯洛需求层次理论，人的需要的全面发展包括生理、安全、归属和爱、尊重、自我实现的需要。人的劳动能力的全面发展包括人的智力和体力、个人能力和集体能力、人的现实能力与潜在能力三个方面。劳动作为一种人类特有的基本的社会实践活动，人类赖以生存的生产资料和生活资料都是通过劳动从自然界中获得。人的社会关系全面发展包括个人社会关系的全面发展、个人与社会发展的相互促进两个方面。社会为个人的全面发展提供了条件，社会发展水平决定了个人的发展水平，社会的进步在某种意义上就是个人的进步，人的发展必然会推进社会的进步，所以个人与社会发展之间是相互促进的。人的自由发展是个人活动时的自主状态，是个人对自我本质的真正占有。人的自由发展包括个人与外部世界、个人与他人关系、个人与自我关系三个方面。个人与外部世界的自由发展指的是个人在认识自然规律的基础上能充分发挥主观能动性改造客观世界；个人与他人关系的自由发展指的是个人在实现自身发展时能兼顾他人利益；个人与自我关系的自由发展指的是个人能够遵循自己内心的想法，实现个人的自由发展。人的全面发展与人的自由发展是不能分开的，人的全面发展是人的自由发展的前提，人的自由发展是人的全面发展的基础。人类文明的重构是走向人的自由发展，正如马克思所言，"代替那存在着阶级和阶级对立的资产阶级旧社会的，将是这样一个联合体，在那里，每个人的自由发展是一切人的自由发展的条件"①。在这样一个联合体下，人与人之间、人与社会之间的关系达到高度和谐统一。"政治人"假设最早是由亚里士多德提出来的，它的理论意义在于，人的社会本质决定了他的政治性，只要是社会的人，就有可能成为政治人，但不一定必然成为政治人，前提是要有好的德性，这就为政治主体伦理提供了逻辑前提。②

公民作为一个独立的个体参与社会生活，它的身份不仅是政治人，还是社会的重要组成部分。公民政治德性是个人德性的重要组成部分，公民政治德性不是显性的、外在的，而是隐性的、内在的，它以公民的政治理性或政治智慧为基础，是公民德性的重要构成要素。公民在政治需要、政治能力、政治关系等方面的提高是公民自由全面发展不可或缺的部分。人的自由全面发展是马克思构建科学社会主义的最终理想与目标，是马克思的最高价值追求，也是社会主义最高的价值追求，更是无产阶级执政党进行国家治理的价值旨归。党的十八大以来，我国社会主要矛盾发生变化，物质文明迅速发展，社会财富不断增长，人民的整体生活水平有了很大的提升，人们在精神上的追求更高。社会主义核心价值观分别从国家、社会和个人三个层面进行了道德上的规定，其中自由、平等、公正、法治是社会层面的德性，爱国、敬业、诚信、友善是公民个人层面的德性，这是中国共产党凝聚全党全社会价值共识作出的重要论断，生动展现了中国共产党和中华民族高度的价值自觉与价值自信，为实现公民政治德性提供了和谐、稳定的保障。此外，构建新时代美好生活需要促进人的自由全面发展，需要在制度建设、精神文明建设等方面下功夫，为人与自然、人与社会、人与自身的自由全面发展提供实践的平台，从而促进三者高度和谐统

① 《马克思恩格斯选集》第一卷，人民出版社，2012，第 422 页。
② 李建华：《国家治理与政治伦理》，湖南大学出版社，2018，第 46 页。

一，也为现代社会公民政治德性的养成提供现实指引。

一 公民政治德性与人的自由而全面发展的辩证关系

追求人的自由而全面发展是马克思孜孜以求的目标，也是人类追求的最终目标。马克思高度关注人的生存、发展，并把社会发展的出发点和落脚点都放在人类幸福的基础上，放在人的自由而全面的发展之上，他指出："一切民族，不管它们所处的历史环境如何，都注定要走这条道路，——以便最后都达到在保证社会劳动生产力极高度发展的同时又保证每个生产者个人最全面的发展的这样一种经济形态"。① 这也是中国式现代化的根本目的所在。中国式现代化进程中推进公民政治德性养成的出发点与落脚点都在于公民自身，正如习近平指出，"现代化的本质是人的现代化"。② 新时代培育现代化的公民，最终目标在于实现人的自由而全面发展。在《关于费尔巴哈的提纲》中，马克思明确指出："人的本质不是单个人所固有的抽象物，在其现实性上，它是一切社会关系的总和。"③ 也就说这种现实的社会关系和交往关系所体现出的勇敢、守规、合作、节制等品质也贯穿于人的全面发展的全过程，所以，提升公民政治德性本身是个人全面发展的内在要求。在现代国家中，公民要正确处理公民、社会、国家三者之间的关系，良好的政治德性为人的社会关系的发展创造了良好的公共秩序，使人人都能理性参与社会政治生活，人人都能共同享受发展成果，从而获得更加自由而全面的发展。

1. 公民政治德性养成是促进人的自由而全面发展的基础和条件

首先，公民政治德性养成是人自由而全面发展的重要途径。现代社会公民政治德性养成是满足人民日益增长的美好生活需要的必要条件，公民个人的需求得到满足是公民个人发展的基础和前提。推进公民政治德性养成有助于促进公民更加理性地参与社会事务，增强公民权责意识。进入新时代，要实现公民自由而全面发展需要加快政治德性的养成，公民政治德

---

① 《马克思恩格斯选集》第三卷，人民出版社，2012，第730页。
② 《习近平关于社会主义经济建设论述摘编》，中央文献出版社，2017，第164页。
③ 《马克思格斯选集》第一卷，人民出版社，2012，第135页。

性的提高是整个社会政治道德建设的基石与基础。在社会生活中，公民政治德性的养成对于构建和谐的人际关系和解决社会矛盾起着至关重要的作用，良性的社会需要公民理性地参与公共事务，树立权责意识。公民通过积极参与政治活动，增强法治意识，从而参与公共决策，捍卫自己的权益，维护社会的公平正义。

2. 促进人的自由而全面发展是提升公民政治德性的目标与旨归

首先，自由而全面的个体发展使公民能力和素养得到全面提升，有助于提高公民的责任感和社会参与意愿，为公民政治德性的养成奠定了基础。同时，随着个体能力的提升，公民对政治参与的要求也随之提高，这有助于提升公民政治德性的水平。其次，自由而全面的发展为公民享有政治权利与自由提供了保障，这有助于提高公民的政治参与水平，培养政治敏锐性，为政治德性的养成提供重要条件。最后，自由而全面的发展有助于培养公民的政治责任感和政治意识。当人们拥有更多的知识和技能，参与社会、经济和政治活动时，他们更容易认识到自身对社会的责任，包括政治参与、维护社会稳定等。

3. 公民政治德性与人的自由而全面发展相互促进

公民政治德性的养成与实现人的自由而全面发展是一个相互促进、相辅相成的过程。公民政治德性的提升是实现人的自由而全面发展的基础与条件，同时实现人的自由而全面发展是提升公民政治德性的目标与旨归。

新时代，公民对美好生活的需要对个人政治德性提出了更高的要求，提升公民政治德性有助于促进个体的全面发展。实现人的自由而全面发展要求不断提升公民的道德能力和道德品质，其中包括政治德性的养成。人的自由而全面发展是实现公民政治德性的重要保证，只有当公民获得自由而全面的发展，才能保证社会主义现代化向善治的方向前进。自由而全面发展为公民政治德性养成提供了土壤，实现人的自由而全面发展是公民政治德性养成的目标与归宿。提升公民的政治参与能力以及权责意识，对于人的全面发展具有重要的促进作用。因此，需要加快公民政治德性养成，满足人们对美好生活的向往，为人的自由而全面发展创造条件，这一观点不仅强调德性本身是一个值得追求的目标，而且强调政治德性的完善程度反映了个体的全面发展水平。政治德性的养成不仅是为了追求德性本身，而且是通向幸福生活的重要途径。这意味着公民通过政治德性养成，能够更好地塑造自己，过上更为充实和有意义的生活。这一过程需要持续不断的努力，以确保社会的进步与公民的全面发展相互促进，为实现社会的共同繁荣和进步奠定坚实的基础。

二　公民政治德性养成是人的自由而全面发展的重要内容

1. 社会主义制度为人的自由而全面发展提供了政治保障

国家的政治制度完善是国家治理体系和治理能力现代化的重要标志。党的二十大报告指出，政治体制改革作为我国全面改革的重要组成部分，必须随着社会经济发展而不断推进，与人民政治参与积极性不断提高相适应。① 公民政治德性建设是国家政治体制改革的重要部分，在数智时代背景下，既要求公民走出私域、拥抱公共生活，也要求国家加大对公民政治德性的培育力度，提高公民参与公共事务的能力。马克思关于人的自由而全面发展的理论是其共产主义理想的核心，深刻体现了他对资本主义社会的批判和对人类解放的追求。中国式现代化的实现需要完善国家治理体系，提升国家治理效能，中国特色社会主义政治制度经过不断发展与完善，展现出强大的活力和显著的制度优势。公民政治德性的养成有助于公民以理性的方式参与国家公共决策与政治事务，可以促使公民积极参与现代化国家建设和发展，从而推动国家治理体系和治理能力现代化。

党的十八大以来，中国特色社会主义民主建设的力度逐步加大，扩大了公民有序的政治参与，健全了社会主义民主制度，丰富了人民当家作主的形式与渠道。现如今，依法治国成为基本国策，社会主义民主政治快速发展，政治体制改革与公民政治德性建设相互促进，为中国式现代化建设提供了有力保障。新时代，公民政治德性得到了提升与发展，公民的权利意识与义务意识也不断增强，推动社会主义民主制度的不断健全与完善。

---

① 《全面建成小康社会重要文献选编》（上），人民出版社、新华出版社，2022，第587页。

2. 中国特色社会主义法律体系逐步完善，为人的自由而全面发展提供了法律保障

我国宪法明确规定了公民的基本权利，包括公民的政治权利和自由、宗教信仰自由、人身与人格权、社会经济权利、社会文化权利和自由等，为公民个体的自由提供了坚实的法律保障。同时宪法明确了每个公民都可获得平等的法律保护，确保法律执行过程中的平等性，防止滥用权力和不当干预个体自由，这为公民政治德性养成奠定了坚实的法律基础。中国特色社会主义法律体系的不断完善使其为个体的自由发展提供法律保障，通过明确规定法律权利和法律义务、坚守法治原则、体现社会公平和正义以及推进法治建设，为每个人的自由而全面发展创造了更加有利的环境，确保每个公民在社会中能够充分行使权利，激发其潜能，以实现自由而全面发展的个体目标。

3. 公民政治德性养成教育为人的自由而全面发展提供了机会和条件

公民政治德性的养成需要依靠教育的力量来实现，这对于提升公民的能力、促进公民的自由而全面发展具有重要作用。实现人的自由而全面发展需要公民具备高尚的德性，这种全面发展也包括政治领域，这不仅是完整人格的表现，也是公民内在的全面本质得以充分展示的理想状态。要达到这一状态，公民政治德性教育必不可少。

新时代，推进公民政治德性养成不仅要向公民传授法律知识、权利知识，更重要的是要培养社会主义合格公民，并实现从合格公民到社会主义"好公民"的跃进，这种"好公民"具有公共精神，具有自由和独立的人格、积极参与公共事务的态度、宽容他人的品质、注重合作沟通对话。①在我国，公民政治德性教育已获得广泛的社会关注，公民政治德性教育体制正在逐步完善。通过建立完善的公民政治德性教育制度，提高公民政治德性水平，为人的自由而全面发展创造有利条件。公民通过接受教育可获得公民知识，强化政治德性，提高自身的认知水平。随着知识的积累，公

---

① 李婉芝：《西方公民政治德性思想的历史演进及当代启示》，《湖北大学学报》（哲学社会科学版）2023 年第 6 期。

民可以运用知识的力量来解释各种现象，运用知识来捍卫自己的权益以及参加公共决策，从而增加内心的安全感，增强自身克服困难的信心和勇气。加强公民政治德性教育的重要性根植于人与政治共同体之间的互动关系。公民政治德性教育的成功与否不仅影响个人的发展，还关系到整个政治共同体的基础。在当代中国社会转型的背景下，少数人出现了缺失公民理性、公民意识、契约精神和平等政治人格等问题。因此，运用教育的手段提升公民政治德性显得尤为重要。通过教育的力量培育公民对祖国的热爱，对国家体制和法律的认同，以及对国家法律的遵守。国家治理体系和治理能力现代化不仅需要合格的公民，还需要具有独立思考能力、积极参与公共事务的态度的"好公民"。通过加强公民教育，培养大批合格的公民，实现合格公民向"好公民"的转化，这有助于建设一个更加充实和充满活力的政治共同体，为人的自由而全面发展奠定坚实的基础。

三 公民政治德性促进人的自由而全面发展的路径

公民政治德性在促进人的自由而全面发展方面扮演着重要角色，可以通过坚持党的领导、坚持以人民为中心、坚持历史继承性与现实发展有效衔接来实现。

1. 坚持党的领导

实现人的自由而全面发展是马克思主义政党追求的共同价值目标，推动人的现代化则是马克思主义政党的使命所在。推动人的现代化是一个复杂而长期的过程，涉及个体和社会的多个方面。

新时代，社会生产力的极大发展，为现代社会公民政治德性的养成提供了丰厚坚实的物质基础，为人的自由而全面发展创造了前提条件。马克思对人的需要进行过明确表达，"人以其需要的无限性和广泛性区别于其他一切动物"。[①] 人的需要的不断满足不仅是人与动物得以区分的显著标志，还是人类历史得以向前发展的根本动力。马克思认为其不是凭空产生的，而是同公民的实践活动紧密联系在一起的，它不仅是人们进行一切实

---

① 《马克思恩格斯全集》第四十九卷，人民出版社，1982，第130页。

践活动的源泉，而且使人获得了自由而全面发展的强大动力。新时代，人们的社会实践与社会交往普遍扩大，人们对政治生活提出了更高的要求，随着公民政治生活的需要被不断满足，人自身也朝着自由而全面发展的方向前进。

"党政军民学，东西南北中，党是领导一切的。"① 中国共产党为实现人的现代化提供了制度保障。中国共产党坚持以人民为中心，提高公民政治德性，满足公民多样化需求，实现人的现代化，最终实现人的自由而全面发展的目标。在马克思主义的指导下，中国共产党的领导为社会主义事业的繁荣提供了强有力的组织保障。新时代，只有在党的坚强领导下，不断推进公民政治德性的养成，提高公民政治德性水平，才能实现人的现代化，促进人的自由而全面发展。

2. 坚持以人民为中心

党的二十大明确提出全面建设社会主义现代化国家的目标，这对人的自由而全面发展提出了更高的要求。只有当公民的政治权益得到有效保障，他们才能更好地参与现代化建设，为国家的繁荣和进步做出贡献。坚持以人民为中心，就是要确保每个公民都有平等的政治权利和机会，使他们能够实现自由发展，理性参与民主决策。公民是现代化建设的主体，加强公民政治德性建设必须立足于公民实际需要，满足公民对政治生活与公共参与的需要，现代社会加强公民政治德性建设要求公民参与政治决策、政策制定和参与社会事务，在过程中培育其政治德性。公民政治德性的养成坚持以人民为中心，着重强调政治决策必须源于人民的需求和期望，从而提高公民的政治道德感和政治德性水平，习近平同志在党的二十大上的讲话中指出，"我们坚持把实现人民对美好生活的向往作为现代化建设的出发点和落脚点，着力维护和促进社会公平正义，着力促进全体人民共同富裕，坚决防止两极分化。"② 现代社会公民政治德性建设的推进需要深入贯彻以人民为中心的思想，以广大人民群众的政治德性的实际需求作为公

---

① 《习近平著作选读》第二卷，人民出版社，2023，第17页。

② 习近平：《高举中国特色社会主义旗帜　为全面建设社会主义现代化国家而团结奋斗——在中国共产党第二十次全国代表大会上的报告》，人民出版社，2022，第22页。

民政治德性培育的起点。

培育公民政治德性要坚持以人民为中心，坚持人民的主体地位，让公民依法参与国家事务的管理，只有切实从公民政治德性的实际出发，了解公民政治德性的特点，才能解决公民政治德性的实际问题，提高公民的政治德性水平，培育出新时代的"好公民"。坚持以人民为中心的发展思想，满足人民群众对美好生活的需求，明确发展的目标是为了人，坚持以人民为中心来推动发展，体现了社会主义的本质，同时也强调发展是为了多数人，是为了中国最广大人民群众的根本利益，是为了人的自由而全面发展。公民政治德性养成的政策和举措是否符合实际只能由人民来评阅，"检验我们一切工作的成效，最终都要看人民是否真正得到了实惠，人民生活是否真正得到了改善，人民权益是否真正得到了保障。"① 进入新时代，中国共产党以人民的期望为己任，为实现中华民族伟大复兴而不懈努力。发展成果必须由人民共享，这不仅是社会公平正义的维护，也是为了推动人的全面发展。这种"共享"不仅强调发展权利和机会的共享，强调社会的公平正义，还强调各个领域的发展成果必须由人民共享，包括经济、政治、文化、社会和生态环境等各个方面。坚持以人民为中心是公民政治德性养成的关键前提。只有坚持以人民为中心的原则，我们才能确保政治制度更好地满足公民的需求和利益，提高公民的政治参与度，维护社会稳定，增强公共政策的科学性和可行性。

3. 坚持历史继承性与现实发展有效衔接

在公民政治德性养成的过程中，我们需要保持对历史传统的尊重，还要与当代社会的发展有效衔接。这种有效衔接不仅有助于公民政治德性的发展，也有助于确保其在历史传承与现实发展中保持连续性和完整性，公民政治德性养成具有鲜明的时代性。公民政治德性养成的内容和特点并非静止不变，而是随着国家体制的完善、社会生产的发展以及人民生活水平的提高而不断演进。公民政治德性养成的内容和方法也随着时代的演变和社会的发展而呈现新的特点。中国式现代化进程中，既要汲取中华优秀

---

① 《习近平著作选读》第一卷，人民出版社，2023，第212页。

传统德育思想，吸收马克思主义关于公民政治德性相关理论以及世界其他国家关于公民政治德性培育的优秀成果，还要结合新的时代特点进行创造性转化与创新性发展。公民政治德性养成应当坚持历史继承性与创新性结合，正确处理历史传承与现实发展的关系。如儒家学说中关于政治伦理与善治的原则将政治伦理视为道德的一部分，政治权力和行为应当受到道德原则的约束，这为决策者提供了在政策制定和实施过程中遵守道德原则的指导。公民应该积极参与政治生活，以推动社会的善治。这意味着公民不仅要关注自身的利益，还要关注社会整体的利益，促进政府的善治。儒家强调君主或天子应该具有爱民情怀、善于管理王朝和社会，确保臣民或子民的公共权益得到保护。西方德性思想中有大量关于善治原则的论述，强调政府的责任，政府应该以仁爱（compassion）、公平（fairness）和公正（justice）的方式来行使权力，在当前的公民政治德性养成提供了借鉴。

公民政治德性养成的内容会随着实践的发展产生新的内涵，公民政治德性养成需要灵活地适应新的挑战和机会。新兴科技给社会带来新的问题和伦理思考，如数字隐私、人工智能、生物基因等。公民政治德性养成不能仅停留在过去，还要面向未来，适应不断变化的社会需求。要坚持历史继承性和现实发展性的结合，需要在已有成果的基础上，结合具体的实际需要养成现代公民政治德性，以此推动中国式现代化的建设与发展。我们需要深入研究历史，分析公民政治德性的演进过程，总结传统教育理论和方法，站在前人研究的基础上推动公民政治德性养成，并要根据公民政治德性养成的需求有针对性地转化吸收。这一继承不是简单地照搬，而是将传统理论与方法现代化，使其与时代发展和国家大政方针保持一致。当下，我们面临生存环境、发展需求、思维方式和实践能力等方面的深刻变化，公民政治德性养成也出现了新的问题需要回应与解决，因此，我们需要根据新的时代特征，及时研究公民政治德性养成理论，构建适应时代需求、有效提高全民政治德性的教育体系。

新时代，面临新的问题和挑战，公民应具备更高的道德思考能力和道德决策能力，以应对不断变化的伦理和道德挑战。公民政治德性教育变得尤为重要，要确保公民在政治生活能够做出正确的选择，参与社会政治活动，促进社会的公正和谐和可持续发展。公民政治德性养成的历史继承性和现实发展性的结合是确保公民在不断变化的社会中拥有稳定的政治德性的基础，同时也能够应对新的政治德性问题的挑战，为社会的进步和发展做出积极的贡献，助力中国式现代化建设。

第四章 现代社会公民政治德性养成的目标和原则

从个人自身成长的角度看，德性的形成发展一般可以划分为四个过程：德性自发形成过程、德性养成过程、德性完善过程、德性维护过程。[①]现代社会公民政治德性作为一种重要德性，养成环节至关重要。江畅教授认为，人到一定年龄后在某种因素（如学习伦理学或哲学）的影响下开始对自己的自发德性进行反思、批判和确认，并在此基础上养成自己的基本德性，这就进入了德性养成的过程。[②]这种德性的养成强调在已有的德性意识基础上进行自觉的德性养成，包括对于自发德性进行的反思和清理，现代社会公民政治德性的养成也是如此，这种强调主动性的养成，形成的一般是自觉的、智慧的德性。对于公民来说，这个过程应该是一生的过程，持续到生命的最后才算终结。

第一节　现代社会公民政治德性养成的目标

现代社会公民政治德性的养成目标是提升公民的主体意识、培养公民的理性精神、培养公民的社会责任感、提高公民的实践能力、培育公民的奉献意识、提高公民遵守规则的能力，以期培养既珍视个人权利又承担公共责任，既能保持批判精神又尊重制度规则的公民群体，构建更具韧性、包容性和创造力的现代社会。

①　江畅：《德性论》，人民出版社，2011，第44页。
②　江畅：《德性论》，人民出版社，2011，第45页。

一　提升公民的主体意识

公民的主体意识是指个体作为公民，在社会生活中所具有的自我认识、自我价值和自我责任的一种综合体现。它强调的是公民在现代社会中的主体地位，以及对个人权利和社会责任的认知。主体意识是公民的基础性意识，公民只有意识到自己的主体地位，才能意识到作为主体而应有的权利，去争取权利，履行义务，参与公共生活。① 现代社会公民主体意识主要包括公民的权利意识、法治意识、责任意识、参与意识、道德意识等。公民应当意识到自己是拥有法定权利的主体，享有言论自由、宗教信仰自由、受教育权等，并知晓如何通过合法途径维护这些权利；公民应遵守国家法律法规，认识到法律是维护社会秩序和个人权益的基石，并确保自身的行为在法律框架内行动；公民应认识到自己对社会、国家负有责任，包括履行公民义务、参与公共事务、保护环境等；公民应认识到所有人都是平等的，不应因种族、性别、宗教信仰、社会地位等的差异而歧视他人，同时应具备独立思考的能力，能够对社会现象进行理性分析和批判，不被误导或操纵，注重个人发展和自我提升，追求终身学习，以更好地适应社会发展的需要。同时还能遵守道德规范，诚实守信，尊重他人，维护良好的社会风尚。现代社会公民主体意识的提升，有助于提高公民的政治素质和社会责任感，促进社会的稳定与发展，对于推动中国式现代化具有重要意义。

二　培养公民的理性精神

理性精神是现代公民意识的重要组成部分，它有助于培养具有独立思考能力、社会责任感和道德判断力的现代公民，对于构建一个成熟、稳定和进步的社会至关重要。公民应培养和提升理性精神。在伦理学中，理性精神被视为一种理想状态，它要求个体在面对道德选择时，不仅要考虑个人的利益和情感，还要考虑社会的利益、普遍的道德原则以及行为的长远

---

① 　冯建军：《公民品格培育与公共生活建构》，人民出版社，2023，第34页。

后果。罗尔斯指出，"公共理性是民主社会的特征：它是公民，是那些分享平等公民权地位的人的理性。其理性的目标是共同的善：正义的政治概念所要求的社会的基本制度结构，以及它们所服务的目的和目标。"① 通过培养理性精神，个体可以更好地理解和参与道德生活，促进社会的和谐与进步。个体在做出道德决策时，应当依据理性原则和道德规范，而不是纯粹的情感、直觉或习俗。具有理性精神的个体在面对道德问题时，能够进行批判性思考，质疑现有的道德观念和行为模式，寻求合理的解释和依据，并能运用逻辑和道德原则进行推理，形成合理的道德判断。这包括对道德原则的深入理解和对特定情境的分析。培养公民的理性精神就是强调个体的道德自主性，即个体在道德选择上具有独立性和自主性，能够根据自己的理性判断而非外部压力或权威来决定行为。理性精神追求的是普遍性的道德原则，这些原则应当是普遍适用的，而不仅适用于特定文化或个人。在道德哲学中，理性精神涉及对后果主义（关注行为的结果）和义务论（关注行为的性质和意图）的平衡考虑。理性精神还意味着个体应当不断追求道德成长和自我完善，通过反思和实践来提高自己的道德理解和行为。

"民主社会最主要的特征是公民的理性参与，公民也正是在参与中确立其主体性身份。"② 理性精神帮助公民在面对复杂的社会问题时，能够进行深入分析和逻辑推理，从而做出更加明智和合理的决策，增强公民的决策能力。理性精神鼓励公民在交流意见和解决冲突时保持冷静和客观，这有助于减少社会矛盾，促进社会和谐。在新时代，理性精神有助于公民更加负责任和有效参与公共事务，如选举、公共政策讨论和制定。培养公民的理性精神需要提升公民的批判性思维能力，使他们能够独立思考，不盲从权威，对社会现象和公共政策持有批判性视角。理性精神使公民能够理解和尊重不同的观点和价值观，避免情绪化，减少冲动和偏激行为，使社会行为更加稳定。

---

① 〔美〕约翰·罗尔斯：《公共理性的观念》，载〔美〕詹姆斯·博曼、威廉·雷吉编《协商民主：论理性与政治》，陈家刚等译，中央编译出版社，2006，第68页。

② 张宜海：《论公民德性》，郑州大学出版社，2011，第198页。

三　培养公民的社会责任感

公民的社会责任感是指公民个体或组织在社会发展中应当承担的职责和义务，既包括对法律义务的遵守，也涵盖道德层面的伦理关怀与主动贡献，表现为对社会整体福祉的关注和主动承担责任，它在个人发展和社会进步中具有重要意义。

首先，培养公民的社会责任感有助于增强社会凝聚力。社会是一个由多个体组成的复杂系统，良好的秩序是社会正常运转的前提和基础，当公民具备强烈的社会责任感时，能够成为社会公德和法律的自觉遵守者，能够站在他人和社会整体的利益出发，减少社会冲突，即便是在资源分配、利益诉求等出现冲突的时候，也能采取合理合法的方式表达自身的诉求，并且尊重他人的权益，避免矛盾事态升级，保持社会和谐稳定。具有强烈社会责任感的公民能够意识到自己是社会大家庭中的一员，遵守法律法规、参与志愿服务、践行环保理念（如垃圾分类）等，增强社会成员之间的团结，使个人的命运与社会紧密相连，使社会凝聚力得到极大提升。

其次，培养公民的社会责任感对社会发展进步起到推动作用。一般而言，具有社会责任感的公民往往具有较强的公共意识，他们关注社会问题，积极寻找解决方案。公共事业的发展离不开公民的积极参与。比如在环境保护方面，具有社会责任感的公民能够自觉成为低碳生活的践行者和环保事业的推动者，这些对于改善社会生态环境、推动可持续发展具有重要的作用。

最后，培养公民的社会责任感对公民自身成长具有重要意义。社会责任感是道德品质的重要组成部分，当公民在履行社会责任的同时，也会不断反思自己的行为，培养同理心、同情心等道德情感；在承担社会责任时，公民还可运用各种技能和知识，参与社会事务的讨论和解决，这些不仅有利于公民个人在社会生活中更好地发挥作用，也为公民个人的职业发展奠定良好基础，使公民在社会服务和社会参与中获得成就感和满足感，实现个人价值。

四 提高公民的道德实践能力

提升公民的道德实践能力是现代社会公民政治德性养成的重要内容和重要任务。公民的道德实践能力与公民政治德性的养成是相辅相成、不可分割的。亚里士多德在《尼各马可伦理学》中指出，"一个人的实现活动怎样，他的品质也就怎样"①。罗国杰指出："道德作为实践精神不仅是价值，而且是实现价值的行动，是有目的的活动。目的性是人类活动的最基本特征，也是人类精神能够进入实践的主要依据。"② 从马克思主义视角来看，认识世界的目的在于改造世界，观念只有应用于实践才能推动观念的进步。在新时代，应当通过教育、法律、文化等多种途径，共同培养和提升公民的道德实践能力，以构建和谐社会，推动社会进步。在社会公德教育方面，应重视对社会主义核心价值观的培育，引导公民形成正确的道德判断和道德责任，提高道德实践能力，尤其是自觉实践能力。还要加强对公民的法治教育，构建多层次、多维度的法治教育体系，通过制度保障、实践参与、创新形式和社会协同实现法治观念的内化。同时，要将法治教育融入公民道德建设，结合诚信、责任等价值观，促进法律与道德的双向约束。

首先，学校应重视培养学生的社会责任感和公民意识。通过课程设置，如社会实践活动、志愿服务、公共事务参与等，让学生在实践中学习和体验公共参与的重要性。通过对学生的法治教育，让学生了解和掌握基本的法律知识，认识到遵守法律是每个公民的责任和义务，培养他们在生活中依法行事的能力。通过开展丰富的文化活动，弘扬社会主义核心价值观，培养公民的道德情操和社会责任感，形成正确的世界观、人生观、价值观。利用各种新媒体平台，宣传公民参与公共生活的积极意义，形成良好的教育氛围。鼓励学生参与社区治理实践，通过参加居民会议、参与社区服务等方式，让学生在解决实际问题中提高实践能力。

---

① 〔古希腊〕亚里士多德：《尼各马可伦理学》，廖申白译，商务印书馆，2003，第38页。
② 罗国杰：《伦理学》，人民出版社，2014，第54页。

其次，积极推进公民参与。公民参与也称为"公众参与"或"公共参与"，是指公民在政治、社会、文化等领域中积极参与决策过程和公共生活的行为。卢梭把是否参与作为区分公民和臣民的标志。科恩认为，民主决定于参与——即受政策影响的社会成员的参与决策。[①] 亨廷顿则认为，区分现代国家和传统国家，最重要的标志乃是人民通过大规模的政治组合参与政治并受到政治的影响。[②] 在实际生活中，公民参与作为一种政治实践活动有多种形式，包括但不限于公共咨询、社区活动、志愿服务、公共讨论、公民监督、教育普及等。公民参与有助于增强公民的社会责任感，促进政策的公正性和有效性，提升社会的凝聚力。通过公民参与，公民不仅能够表达自己的需求和期望，还能够创造更加包容和具有回应性的社会。

最后，政府在制定公共政策时，应广泛听取公民意见，让公民参与政策制定和执行的过程中来，提高政策的透明度和公众的参与度；通过建立和完善公民参与的培训机制，为公民提供参与公共生活的知识和技能培训，特别是针对基层群众和青年群体。政府还应树立公共实践的先进典型，发挥榜样的示范作用，激励更多公民参与公共实践。通过这些措施，逐步提高公民公共事务的实践能力，更好地培育公民的政治德性。

五 培养公民的奉献意识

公民的奉献意识是指个体或群体基于社会责任感和道德自觉，主动为他人、社区或社会公共利益无偿付出的精神品质与实践行动。奉献意识体现了公民的社会责任感和对集体的忠诚，它超越了对个人利益的追求，强调个人利益与公共利益之间的平衡。公民的奉献意识是构建和谐社会的重要基础，它鼓励公民在追求个人发展的同时，牢记社会责任，为社会的整体利益和长远发展做出贡献。奉献意识主要包括对他人的奉献、对集体的奉献、对社会的奉献、对国家的奉献。公民应该关心他人的需求，尊重他人的权利，帮助他人解决问题，营造良好的人际关系；积极参与集体活

---

① 〔美〕科恩：《论民主》，聂崇信等译，商务印书馆，1988，第12页。
② 〔美〕塞缪尔·P. 亨廷顿：《变化社会中的政治秩序》，王冠华等译，上海人民出版社，2008，第28页。

动，为集体利益贡献自己的力量，维护集体荣誉，共同推动集体发展；遵守社会规范，关注社会问题，参与社会公益事业，为社会的和谐与进步贡献力量；爱国守法，维护国家利益，为国家的繁荣富强、民族振兴努力奋斗。奉献意识是构建社会主义和谐社会的重要基础，也是实现国家富强、民族振兴、人民幸福的必然要求。通过培养公民的奉献意识，可以增强社会凝聚力，促进社会公平正义。

公民的奉献意识通常体现在以下几个方面：

志愿服务：积极参与志愿服务活动，如教育援助、环境保护、社区服务、慈善捐助等，不求物质回报，只为社会和他人的福祉。

道德行为：日常生活中的道德行为，如诚实守信、遵守法律法规、尊重他人、助人为乐等，这些行为有助于维护社会秩序和道德规范。

公民责任：履行公民的基本责任，如按时纳税、服兵役、参与选举投票等，这些行为是维护国家和社会运行的基础。

社会创新：通过创新思维和行动解决社会问题，如创办企业、开发有益于社会的项目等，推动社会进步和发展。

文化传承：积极参与文化的传承和创新，保护和弘扬民族文化，提升公民的文化素养和软实力。

环境保护：关注环境问题，采取实际行动减少对环境的负面影响，参加环境保护活动，促进人与社会、人与环境可持续发展。

六　培养公民遵守规则的意识

现代社会，要培养公民遵守规则的意识，即要培养公民在日常生活中遵循法律、规章和社会规范的能力和意识，这是维持社会秩序、实现社会和谐与进步的重要基础。具体来说，包括法律意识、法治素养、公德意识、纪律意识、责任感、自我约束能力等。培养公民遵守规则的意识，就是要培养公民的法律意识、公德意识和基本责任感，通过法律制度的完善，确保规则的公正性和有效性，从而促进社会的稳定和发展。

从基础教育阶段开始，学校就应当系统地传授学生法律知识，让公民在学生阶段就了解法律的基本原则，以及法律在社会生活中的具体应用。

此外，还要通过媒体、网络、社区等多种渠道，普及法律知识，让公民充分学习和了解自己的权利和义务，以及如何通过法律途径解决问题。要鼓励公民参与模拟法庭、法律咨询服务等实践活动，增进对法律的理解和运用能力。通过分析具体的案例，让公民了解法律如何适用于实际生活中的各种情况，提升法律意识。在学校、家庭和社会中弘扬社会主义核心价值观，教育公民遵守社会公德，如诚实守信、尊重他人、爱护公共财产等。党政干部、公众人物应当以身作则，遵守法律法规，成为公民学习的榜样。国家要确保法律的公正执行，让公民看到遵守法律的正面效果，增强法律信仰。政府要为公民提供法律援助和服务，帮助公民解决法律问题，特别是弱势群体，使他们能够更好地维护自己的合法权益。鼓励公民参与立法、司法和执法过程的监督，如通过公众咨询、听证会等形式，让公民了解法律制定的背景和过程。建立对公民遵守法律和社会规范的行为进行评价和反馈的机制，表彰遵法守法模范，对违法者必究。通过这些措施，可以有效地提高公民的法治素养、法律意识和规则意识，促进公民自觉遵守社会规则，为构建法治社会和文明社会打下坚实的基础。

道德和法律都是调节人们思想行为、协调人际关系、维护社会秩序的重要手段。[1] 现代社会公民政治德性的养成与法治素养的养成是相辅相成的。政治德性是公民在政治生活中应具备的道德品质，包括遵守法律法规、尊重他人权利、积极参与公共事务、维护社会公平正义等。而法治素养则是指公民对法律知识的了解、对法治原则的认同、对法律规范的遵守以及对法律权利和义务的履行。

在现代社会，政治德性的养成与法治素养的养成相辅相成。

其一，两者具有共同的基础。政治德性和法治素养都建立在公民对法律和社会规范的认识基础上，公民必须遵守法律，才能在政治生活中做出合法、合理的决策和行为。其二，两者相互促进。具有良好法治素养的公民更可能形成积极的政治德性，尊重规则，有助于培养公民的责任感和正义感。具有高度政治德性的公民也会更加尊重和遵守法律，因为他们理解

---

① 本书编写组：《思想道德与法治》，高等教育出版社，2021，第9页。

法律在维护社会秩序和正义中的重要作用。其三，两者都需要通过教育和实践加以实现。政治德性和法治素养的养成都需要通过教育来实现。教育部门应当提供全面的公民教育，包括法律知识、政治理论、公民权利和义务等，以培养具有政治德性和法治素养的公民。公民政治德性和法治素养的养成不仅需要知识的学习，还需要通过实践来加深理解和应用。公民通过参与政治活动和法律实践，如投票、社区服务、法律援助等，可以促进政治德性和法治素养的养成。

提升公民法治素养有助于增强公民的社会责任感，使公民意识到自己的行为对社会的影响，并愿意为社会的和谐与进步承担责任。这种责任感是政治德性的重要组成部分。总之，现代社会公民政治德性的养成与法治素养的养成是相互关联的，政治德性的养成可以为法治素养的养成提供道德基础和精神支撑，让人们更加自觉地遵守法律，维护社会的公平正义。而法治素养的养成则可以为政治德性的实践提供制度保障和法律支持，让高尚的政治德性得以更好地实现和传承。

第二节　现代社会公民政治德性养成的原则

现代社会公民政治德性养成的原则，是指导公民形成良好的政治行为习惯和道德素养的基本原则，这些原则与社会主义核心价值观紧密相连，旨在培养具有社会责任感、道德操守和法律意识的公民。具体来看，现代社会公民政治德性的养成需要坚持政治性、实践性、生活化、共享性、引领性的原则，这些原则旨在引导公民在社会生活中表现出高度的责任意识与理性意识，并形成良好的道德行为，促进社会主义政治文明的建设。

一　政治性原则

公民政治德性的养成要坚持政治性原则，强调公民在政治认同和政治立场方面的表现，公民必须坚持正确的政治方向和政治立场，遵守国家的法律法规，认同并维护国家的政治体系、价值观念和道德规范。政治性原则是公民政治德性养成的首要原则，旨在引导公民树立正确的政治观念，坚持正确的政治立场。

首先要加强对公民的政治教育，包括政治理论、政治制度、政治文化等方面的内容，使公民能够树立正确的价值观。要以马克思主义理论坚定公民的政治信仰，深刻理解中国特色社会主义道路、理论、制度和文化的科学性与优越性，使公民将个人的政治追求与国家的发展目标紧密结合起来，增强对国家发展的信心和责任感。公民通过参加爱国主义教育活动、了解国家历史文化等方式，培养深厚的爱国主义情怀，强化国家认同，维护国家的统一和稳定。其次，公民要不断提高自身的政治素养和政治参与能力，通过合法途径表达自己的政治诉求，参与民主决策、民主监督等活动，为国家治理和社会发展贡献智慧和力量。

二　实践性原则

公民政治德性养成要坚持实践性原则，即要坚持理论学习和实践应用相结合。通过实践，公民可以将抽象的政治理论和道德规范具体化，加深对政治理论和道德准则的理解和运用。德性与德行是伦理学中的两个相关概念，它们在日常语言中有时被交替使用，但在伦理学领域，它们有着不同的含义。[1] 江畅认为，德性是人运用理智或智慧根据其谋求生存得更好的本性的根本要求并以生存得更好为指向培育的，以心理定势对人的活动发生作用，并使人的活动及其主体成为善的善品质，即道德的品质。[2] 德性通常指的是个人的品质或性格特征，这些特征被认为是道德上良好或值得赞扬的。在亚里士多德的伦理学中，"德性是一种选择的品质，存在于相对于我们的适度之中"，"德性是两种恶即过度与不及的中间"。[3] 例如，勇气是一种德性，它位于鲁莽和懦弱之间，使人在面对危险时能够做出合理的决策。德性可以是自然的，也可以是习得的。自然的德性是与生俱来的品质，而习得的德性则是通过教育、训练和实践获得的。德性的培养涉

---

[1] 梅景辉：《在德性与德行之间——中西哲学良知论的差异与沟通》，《湖北大学学报》（哲学社会科学版）2008年第4期。

[2] 江畅：《德性论》，人民出版社，2011，第30-31页。

[3] 〔古希腊〕亚里士多德：《尼各马可伦理学》，廖申白译，商务印书馆，第50页。

及习惯的形成和道德情感的培育。德行是指道德的行为是具有正面道德价值的行为。① 一个有德性的人会在适当的时候做出正确的行为，这种行为反映了他们的良好品质和道德判断。例如，一个有诚实德性的人在面临诱惑时会选择说出真相，这种行为就是德行。德行不仅是行为，它还涉及行为的习惯性和一致性。一个具有德性的人会在不同的情境下表现出相应的德行，这种行为模式体现了出于德性品质的行为，即德性行为。② 德性的培养有助于促进德性行为的实践，而德性行为的反复实践又进一步强化了个人的德性。德性和德行既是构建个人道德生活和促进社会道德进步的重要方面，也是中国哲学中知行合一的重要概念，特别是在儒家哲学中，它强调理论知识与实际行动的统一。真正的知识必须通过行动来证实，而行动也应该是基于正确知识的指导。知行合一是需要不断努力和实践的过程，它要求个人在理论知识与实际行动之间建立紧密的联系，并通过不断实践和反思来提高自己的认识水平和行动能力。个人要将学到的理论知识与具体的生活和工作实际相结合，用理论来指导实践，同时在实践中检验和发展理论。在实践中通过自己的行动来验证知识，而不仅仅是口头上的认同或理解。要在行动中发现问题，回到理论中去寻找答案，然后再将新的理解应用到实践中，形成一个不断学习和实践的过程。在实践中不断反思自己的行为和结果，对照理论进行自我检查，发现问题并及时调整。

个人要通过反复实践将理论知识转化为自己的习惯和直觉，使之内化于心，成为自然的行动指南。在知行合一的过程中，要注重道德修养，确保知识和行动符合道德标准，避免知行不一导致道德冲突。要寻找实践中的榜样，学习他们如何将知识转化为行动，从他们的经验中获得启发。在团队中也要实践知行合一，通过集体行动来检验和强化个人的知识和技能。个人要不畏惧失败，勇于将知识付诸实践，通过总结实践中的成败得失来提高和进步。随着环境和条件的变化，还要灵活调整知识和行动策略，

---

① 江畅：《德性论》，人民出版社，2011，第 509 页。
② 江畅：《德性论》，人民出版社，2011，第 509 页。

保持知行之间的动态平衡。

马克思在《关于费尔巴哈的提纲》中阐明了实践是感性的、对象性的物质活动，他认为"全部社会生活在本质上是实践的"①。以实践性为原则培养现代社会公民的政治德性具有可行性。公民在政治生活中应具备遵守法律法规、尊重他人权利、积极参与公共事务、维护社会公平正义等政治德性品质，而这些政治德性品质需要公民积极实践的主动行为，实践是政治德性形成和发展的基础。通过参与政治实践，公民可以更深入地了解国家的政治制度、法律法规和政策措施，从而提升自己的政治参与意识和认同感。公民在实际行动中可以感受到自己的责任和义务，学会在公共生活中履行职责，关心国家和社会的发展。实践是提高公民参与政治生活能力的重要途径，通过参与选举、议事、监督等活动，公民可以学会如何表达自己的观点、倾听他人意见、与他人沟通协商，从而提高自己的政治参与能力。在政治生活中，通过实践，公民可以学会如何在利益冲突中坚守道德原则，塑造自己的道德品质。公民通过实践参与政治生活，可以加强与其他公民之间的联系，增进彼此的了解和信任，从而增强社会凝聚力。通过实践，公民有机会了解和参与国际事务，学会从全球角度思考问题，提高自己的竞争力。总之，实践是提升现代社会公民政治德性的重要途径，公民应当积极参与实践，不断提高自己的政治素养和道德品质，为国家的繁荣和社会进步做出贡献。

三 生活化原则

人的现实生活存在是人类在具体社会历史条件下所进行的物质活动和精神活动的总和，它包括人类为了生存和发展所进行的各种实践活动，以及在这些实践活动中形成的各种社会关系。现代社会公民政治德性的养成是公民生活的一部分，其养成过程不是与生活脱节的孤立活动，而是生活本身的一个组成部分，是他们整体生活经验的一部分。现代社会公民政治德性养成应该与公民的生活经验以及其他社会经验相联系，形成一个连续

---

① 《马克思恩格斯选集》第一卷，人民出版社，2012，第135页。

的整体。在杜威看来，"教育即生活"①，教育的目的是为个体社会生活提供经验，即教育在最广泛的意义上就是这种生活的社会延续，因此"公共人"的养成是普通公民融入现代社会政治生活成为具有政治德性的现代公民的必经之路，其中对"公共人"这一角色的理解强调的是个体在社会公共生活中的角色和责任。"公共人"首先是一个社会成员，他/她生活在社会中，与他人共同构成社会关系网络，他的行为和决策不仅影响自己，也影响他人和社会。"公共人"具有强烈的社会责任感和道德责任感，他/她在行动时会考虑自己的行为对社会的可能影响，并努力做出对社会有益的选择；"公共人"积极参与社会和公共事务，包括但不限于政治选举、社区服务、公共讨论等，他/她通过这些活动来影响社会政策和公共生活；"公共人"具备一定的公民素养，包括对法律、政治、经济等知识的了解，以及对民主原则和人权价值的认同；"公共人"具有公共精神，愿意为公共利益和公共福祉做出贡献，甚至在必要时愿意牺牲个人利益；"公共人"具备批判性思维能力，能够对社会现象和公共政策进行独立思考和理性分析；"公共人"懂得如何与他人沟通和对话，他/她尊重不同的意见和观点，愿意通过交流和讨论来寻求共识；"公共人"遵守法律，尊重社会规则，他/她的行为符合社会的基本道德和法律要求；"公共人"强调个体在社会中的角色和责任，以及个体与社会之间的互动关系。"公共人"的公共生活是现代社会区别于传统社会的重要特征，立足于公共生活的生活化原则是培养现代社会公民政治德性的重要原则。

现代社会公民政治德性养成要坚持生活化原则，政治德性（如责任感、参与意识、法治精神、公正、宽容等）应融入人们的日常生活中，使之成为公民行为的自然体现。这种生活化不局限于政治参与的正式场合，而且要渗透日常生活的方方面面，如家庭、学校、工作场所、社区等。在家庭中，家长可以通过日常交流和行为示范，教育子女尊重他人、遵守规则、理解社会正义等，从而培养子女的政治德性；在学校，教师不仅要传

---

① 涂诗万、董标：《解放智慧：杜威"教育即生活"的民主意蕴》，《当代教育与文化》2015年第7期。

授知识，还应通过课程设置、校园文化活动等，培养学生的公民意识、法治观念和社会责任感；在工作中，公民应展现出职业道德，如诚实守信、公平竞争、团队合作等，这些都是政治德性的体现；在日常生活中，公民应表现出对他人的尊重和宽容，遵守社会规则，这些也是政治德性的体现；在媒体和网络空间中，公民应发表负责任的言论，避免传播虚假信息，要尊重他人的隐私和权利。

现代社会公民政治德性养成要将培养目标与生活相结合，在日常生活中要努力实践和实现个人或集体的目标。首先要明确现代社会公民政治德性培养的目标是什么，将大目标分解为小目标或具体的行动步骤，这样可以使目标更加具体，也更容易在日常生活的各个环节中找到实践的机会。同时，在日常生活中为每个小目标或行动步骤安排时间和空间，将实现目标的行动转化为日常习惯，习惯的力量可以帮助公民在不需要额外意志力的情况下，自然而然地去做有助于实现目标的事情。其次还要调整实现现代社会公民政治德性的养成环境，这有利于目标的实现。要引导公民从自身做起，从身边做起，在日常生活以及公共交往中进一步提升公民的社会责任感和行动力。

四　共享性原则

现代社会公民政治德性的养成要坚持共享性原则，是指在进行资源共享或分配时，应公平、公正、公开，确保资源的合理利用和分配，使各方利益得到平衡和保障。共享性原则广泛应用于经济、社会、环境等多个领域，旨在实现资源的有效利用和社会的可持续发展，可以更好地解决资源分配不均、利益冲突等问题，促进社会和谐与稳定。

坚持共享性原则对社会发展有多方面的好处：有助于实现资源的公平分配，减少贫富差距，提高社会底层群体的生活水平，从而增强社会的整体公平性；有助于缓解社会不平等带来的矛盾和冲突，促进社会和谐稳定；有助于优化资源配置，提高资源利用效率，促进经济的可持续发展。如共享经济模式鼓励合作与创新，可以激发社会活力，推动新技术、新业态的发展；倡导资源的节约使用和循环利用，有助于减少环境污染和生态破坏，促进绿色发展；有助于促进国家之间的合作与交流，共同应对全球性挑战，如气候变化、资源短缺等；有助于推进公众参与公共决策，提高政策的透明度和公众的参与度。总之，坚持共享性原则有助于营造更加公平、稳定、和谐的社会环境，有助于构建一个更加和谐、公正、民主的社会。

坚持共享性原则对于公民的发展具有多方面的好处：首先是有助于提升公民的责任感和遵守公共规则的意识。其次是有助于加强公民间的社会参与和合作。共享活动往往需要公民之间的合作与互助，这种参与和合作的过程能够提升公民的社会参与能力，增强公民的团队合作精神。在共享经济模式中，参与者之间的信任和互惠是基础，这种信任关系的建立有助于培养公民之间的相互信任和尊重。再次，有助于培养公民的环境责任感和可持续发展意识。在慈善捐赠和志愿服务等活动中也要体现共享性原则，这些活动有助于培养公民的慈善精神和利他精神；共享活动中可能会出现资源分配和利益的冲突，解决这些冲突的过程能够提高公民协商和解决冲突的能力。最后，通过参与共享活动，公民不仅能够获得物质上的利益，更重要的是能够在实践中培养政治德性，这对于维护社会秩序、促进社会和谐以及实现个人与社会的共同发展具有重要意义。

五　引领性原则

现代社会公民政治德性的养成要坚持引领性原则。在现代社会的复杂环境下，公民政治德性的养成需要系统性建构，这一过程不应停留于自发形成，而应通过价值引领、制度保障等多个维度的良性互动来实现。人是影响现代社会公民政治德性养成的根本性因素，对于人的养成与塑造始终是公民政治德性培养的关键点。要保障个人的基本权利和自由，如人身自由、宗教信仰自由等，这些是个人全面发展的基础。应通过制定合理的社会政策，保障个人的就业、教育、社会保障等权益，为个人发展提供制度保障；应关注个人的健康和福利，通过提供医疗服务、社会保障、环境保护等措施，保障个人身心健康；应尊重和保护文化多样性，鼓励个人在文学、艺术、语言等方面的表达和交流，丰富个人的精神生活。

在现代社会，政治发展不仅是国家层面的制度建设，更是个人层面的权利保障和全面发展。一个成熟的政治体系应当能够平衡不同群体的利益，创造一个公平、自由、有序的社会环境，让每个人都有机会实现自己的潜能，为社会发展做出贡献。经济的繁荣是国家政治进步的基础，公民作为社会经济活动的主体，其创业、就业等活动直接关系到经济的发展。在社会和谐稳定方面，公民在社会生活中要遵守法律法规，尊重他人，维护社会秩序；文化是民族的精神支柱，公民在传承和弘扬中华优秀传统文化方面也发挥着重要作用，公民对中华优秀传统文化的传承和创新，有助于增强民族凝聚力。

现代社会公民政治德性养成要坚持引领性原则，从儿童和青少年时期开始，应通过学校教育和社会教育，传授公民权利和义务的知识，培养公民养成尊重法律、关心社会、参与公共事务的习惯。政治领导人和公众人物应当以身作则，展现高标准的政治德性，如诚实、公正、透明、负责等，为公民树立榜样。鼓励和支持公民有序政治参与，如选举、公民投票、社区服务、公共咨询等，通过实践提升政治参与能力和政治责任感。建立和完善保障公民权利和自由的法律体系，通过法律引导和教育公民遵守法律，培养法治意识。利用媒体和其他传播渠道，普及政治知识，提高公民的政治意识和政治素养。鼓励不同社会群体之间的对话和合作，通过多元化的社会活动，增进相互理解和尊重，促进社会和谐。提供终身学习的机会，让公民在不同阶段都能够更新政治知识，提升政治参与能力。建立评价机制，对公民政治德性的养成进行评价和反馈，及时调整政策和教育方法，以适应社会发展的需要。

第五章 国家在公民政治德性培育和建设中的主导作用

国家在公民政治德性养成中发挥着价值引领者、制度设计者、实践推动者三位一体的主导作用。国家通过制定相关的法律法规、道德规范及公共政策，为公民政治德性培育和建设提供明确的指导和规范，这些规范不仅涵盖了公民的基本道德要求，还强调公民在政治生活中的责任和义务。

第一节 作为制度设计者的引导作用

国家作为制度设计者在公民政治德性培育和建设中的引导作用是一个复杂的过程，这一过程既体现了国家治理的规范性目标，也关系到公民身份建构和社会价值整合的深层次问题。作为国家治理的主体，政府在公民政治德性的培育和建设过程中应注意管理的范围和界限，政府管理的领域一般来说是公共领域，而公民在自己的私人领域内的公民政治德性养成则需要通过自身不断学习和领悟来进行。宽松、和谐的社会环境更有利于形成既符合社会需求又符合个人需要的公民政治德性。

一 价值引领：构建政治德性的精神坐标

1. 明确政府的规范责任

政府的规范责任在公民政治德性养成中占据着核心地位。这种责任主要体现在以下几个方面：

首先，国家制定和出台各项法律法规，为公民政治德性的培育和建设提供明确的法律框架和制度保障，明确公民在政治生活中的权利和义务，引导公民依法参与政治活动，维护社会秩序和实现社会公平公正。其次，政府在教育领域扮演着重要的角色，通过引导和监督教育机构，确保公民接受全面、正确的政治教育和道德教育。政府应推动教育体制的改革和创新，提高教育质量，提升公民的政治素质和道德素养，为公民政治德性的养成奠定坚实基础。再次，政府应通过各种渠道和方式，营造崇德向善的社会风气，引导公民树立正确的价值观和道德观。政府可以通过加强媒体宣传、举办文化活动、推广先进典型等方式，提高公民的道德自觉和行动自觉。最后，政府应建立健全责任追究机制，对违反法律法规、违背道德规范的行为进行严肃处理。这不仅能够维护法律的权威和尊严，也能够警示和教育公民。

总之，政府的规范责任在公民政治德性培育和建设中至关重要。

2. 明确政府的教育责任

社会的现实存在需要依靠政府来切实地维护，社会的发展也需要政府依靠自身的权力进行不断推动。同时，政府也应对整个社会的各个不同阶层、不同民族和不同地域的公民进行全面的政治德性教育。在公民政治德性的培育和建设中，首先，政府要为所有的公民创造一个良好的社会环境。其次，政府要加大在学校教育中关于政治德性教育的投入，加强对公民政治德性的教育。同时应采用多种类型的教育方法和方式，以此来提升受教育人群对政治德性养成的学习兴趣，避免纯粹的灌输式的教育。学校的政治德性教育毕竟不属于应试教育的范畴，它的教育目标不应该是取得高分，而是被公民切实地理解和内化并接受，最终付诸实践。再次，在教育的过程中，学校要教育学生打开自己的思路，对不同的价值观进行辨别。同时，还要借鉴国外关于公民政治德性培育和建设的先进经验，做到教育内容和教学形式的多样化和实用化，尽量避免灌输定义概念，多进行实践的活动。最后，政府要加强公民政治德性的社会教育。与学校教育不同的是，社会教育针对的人群不同，社会教育主要针对的是已经非常成熟的且形成了稳定人生观、价值观的人。在社会教育方面，政府应由原来对学校教育的支持、指导变成直接参与。社会教育比学校教育更加注重实践，因为社会教育是一项长期贯穿于每个公民的生命始终的长期教育。政府在社会教育的过程中必须要注重教育的连续性和长期性，对于典型人物要善于发现并且积极地进行宣传，树立道德模范的榜样，号召全体公民向榜样学习，在学习实践中全面提升自身的政治德性水平。

3. 为公民政治参与搭建多渠道平台

随着经济社会的发展和公民素质的不断提升，政府已经从管理者的角色逐渐地向服务者的角色转变。在公民政治德性的培育和建设中，政府作为国家权力的执行机关具有强制权力并承担着更多的治理责任。

政府应建立各种制度化的渠道，搭建公民政治参与平台，如公民听证会、网络论坛、社区会议等，让公民能够有序、有效地参与对社会问题和公共政策的讨论。这些平台不仅为公民提供了表达意见和态度的机会，还有助于政府了解公民的需求和期望，从而更好地制定和执行政策。政府应通过宣传和教育，引导公民积极参与政治活动，培养他们的政治参与意识和参与能力。这包括让公民了解政治参与的重要性、学习政治参与的知识和技能、树立正确的价值观等。政府搭建多渠道平台有助于提升公民的政治素养，增强他们对政府的信赖感和归属感。政府应关注公民在政治参与过程中提出的意见和建议，及时反馈意见和调整政策，以满足公民的合理需求。这种互动有助于遏制官僚主义的滋长，提升政府运作过程的科学性、高效性和透明度，实现决策的科学化与民主化。公民参与决策过程，可以为政府提供宝贵的建议和意见，政府可以更好地了解社会需求和民生问题，从而制定更加符合实际和民众期待的政策。

4. 强化社会组织的监督机制

社会组织具有完整的、系统的体系，它们不仅自身有能力，也应对公民政治德性的培育过程、培育效果进行监督。公民政治德性的培育和建设不能只依靠政府的力量，还应不断强化社会组织的力量，完善监督机制，引起全社会对公民政治德性培育和建设的重视。社会组织的监督不仅有助于降低政府的行政成本，而且可以使社会的自我约束能力和自我治理能力不断得到提升。同时，政府还应督促社会组织加强正面引导和宣传，宣传典型模范人物，弘扬社会主义核心价值观，以社会组织的视角对所产生的系列问题进行监督和化解。

5. 引导社会大众形成正确的价值观

政府出台一系列规章制度为公民政治德性的培育和建设营造了和谐稳定的外部环境，在内部环境方面，需要公民依靠自身力量在这个社会中自我成长。随着多元价值观的形成，公民开始从不同的角度对社会文化与价值观进行解读和认知提升，这种多元化的理解一方面丰富了公民政治德性的内涵，另一方面也使得公民在面对各种价值观，尤其是西方错误思潮的侵蚀时具有一定的自我抵御能力。

二　培育公民的国家意识自觉

培育和建设公民政治德性，还要培育公民的国家意识自觉。国家意识的形成不仅是个体德育教化的良好结果，而且是整个民族关乎公共善的养成结果。

1. 大力弘扬爱国主义精神

爱国主义体现了人们对自己祖国的深厚感情，揭示了人们对祖国的依存关系，是人们对自己家园以及民族和文化的归属感、认同感、尊严感与荣誉感的统一。它是调节个人与祖国关系的道德要求、政治原则和法律规范，也是中华民族精神的核心。[①] 中华民族是一个拥有爱国主义传统的伟大民族，在中华民族5000多年绵延不绝的文明史中，刻骨铭心的爱国之情、矢志不渝的报国之志、生死不移的爱国之行，写满了中华民族的史册。范仲淹提出"先天下之忧而忧，后天下之乐而乐"，顾炎武讲"国家兴亡，匹夫有责"，岳飞、文天祥等民族英雄身上体现出感人至深的爱国主义精神都是中华民族爱国主义传统的生动体现。

新时代，弘扬爱国主义精神既要传承中华优秀传统文化，又要体现鲜明的时代特征，其基本要求是："坚持爱国主义和社会主义相统一、维护祖国统一和民族团结、尊重和传承中华民族历史和文化、坚持立足民族又面向世界"[②]。2023年10月24日，十四届全国人大常委会第六次会议表决

---

① 本书编写组：《思想道德与法治》，高等教育出版社，2021，第75页。
② 本书编写组：《思想道德与法治》，高等教育出版社，2021，第77页。

通过了《中华人民共和国爱国主义教育法》，全面总结了新时代爱国主义教育的基本经验，为进一步加强公民爱国主义教育提供了基本遵循，引导广大公民树立和坚持正确的国家观、历史观、民族观、文化观，增强公民的爱国主义意识和爱国主义情感，鼓励广大公民在社会实践中厚植家国情怀，自觉把爱国之情、报国之志融入中华民族伟大复兴事业之中，凝聚起全面建设社会主义现代化国家的磅礴力量。

2. 提升公民的参与意识

公民参与是指公民通过合法途径和方式，行使法定权利，参与国家政治活动、公共事务管理和决策过程的行为，旨在影响公共政策、维护自身权益并推动社会公共利益。

在民主政治的条件下，公民参与是民主的核心，也是实现民主的动力。[①] 公民参与有利于提高公民对于整个国家政治的理性认知能力，能够加深公民对于美好生活、社会公共善的理解，能够有效防止公共权力异化，而这本身也是公民政治德性的一项内在要求。公民作为政治实体在政治秩序中的权利与地位可以通过宪法和法律的有关规定来体现，但公民在现实政治生活中实际参与的程度却更能说明其权利和地位的价值和作用。[②]现代社会，公民参与的途径和方式十分丰富。互联网的发展给公民提供了以网络为媒介参与政治活动、公共事务管理的机会，公民可以足不出户在家就能了解政府的最新资讯。各种公共媒体事业的发展，给公民提供了可以利用媒体和网络平台参政议政的机会，如公民参与社会经济生活和文化生活、发起和参加环境保护行动、组织公益文化活动、救助弱势群体、参与社区生活等，这些社会实践都可以强化和唤醒公民的权利意识和参与意识，可以培养和提升公民的合作精神。

三　正确处理公民与国家、公民与公民的关系

1. 正确处理个人利益与国家利益之间的关系

在公民政治德性培养和建设中，要正确处理好公民与国家之间的关

---

① 张宜海：《论公民德性》，郑州大学出版社，2011，第 235 页。
② 袁峰：《理想政治秩序的探求》，学林出版社，2002，第 109 页。

系，正确处理个人利益与国家利益之间的关系，要以法律为依据、权利义务平衡为核心、互动共治为目标，构建和谐稳定的共同体关系。我国长期以来推行的集体主义是调节国家利益、社会整体利益和公民个人利益关系的基本原则，其核心在于实现国家利益、社会利益和个人利益的辩证统一与动态平衡。当个人利益与国家利益发生冲突时，个人利益要服从国家利益和社会整体利益，这不仅是为了维护国家、社会的共同利益，最终也是为了维护个人的根本利益和长远利益。

马克思主义视阈下的集体主义，强调的是个人利益服从集体利益，在社会主义条件下，个人的发展和幸福应当与集体的利益和发展相结合。社会是一个整体，个人的生存和发展离不开社会和集体的支持，因此个人的行动和目标应当与社会和集体的目标和利益相协调。在马克思主义理论中，集体主义的核心是无产阶级和劳动人民的立场，即一切理论和实践都要以最广大人民群众的根本利益为出发点和落脚点。要反对极端个人主义，过度的个人主义会导致社会分裂和阶级矛盾的加剧，而坚持集体主义则有助于促进社会团结和进步。在实践中，坚持集体主义表现为对公共利益的尊重和维护，对集体决策的支持和执行，人们在工作和生活中相互帮助、相互支持，以及对集体荣誉和利益的维护。

新时代，弘扬集体主义精神要坚持人民的主体地位，把人民群众的利益放在首位，全心全意为人民服务，不断满足人民日益增长的美好生活需要。倡导全体社会成员团结互助，共同营造和谐稳定的社会环境，推动构建社会主义和谐社会。弘扬集体主义精神要坚持社会公平正义，推动改革和发展成果更多更公平地惠及全体人民，减少贫富差距，促进共同富裕，鼓励先富帮后富，逐步实现全体人民共同富裕，这是中国特色社会主义的本质要求。弘扬集体主义精神，个人和组织应承担起应有的社会责任，积极参与社会公益事业，促进社会进步和人的全面发展；应倡导绿色发展理念，推动形成人与自然和谐共生的新格局；倡导开放包容的态度，尊重个体差异，鼓励创新和文化多样性；依法保障集体和个人的权益，推动社会主义法治国家建设，确保社会公平正义。

2. 注重公民之间信任关系的维护

在公民政治德性培育和建设中，要注重公民之间信任关系的维护。信任关系是社会关系中最重要的关系之一，在社会交往当中，只有双方能够保持相互信任，人际交往才能够持续下去。这里的信任主要指的是熟人关系拓展到陌生人之间的关系。熟人之间的信任主要来源于传统社会，农耕社会传统的生产方式使得人与人之间流动性较小，劳动方式比较接近，传统的社会结构和社会生产的目标都比较单一，在这种以自给自足为主的社会交往方式中，人与人之间的关系是建立在血缘和亲缘基础之上的，在这种小范围的社会关系之中，人们对彼此之间的行为方式和声誉都有较为全面的了解，基于这种相互之间的了解，就逐步建立起传统的熟人社会的信任机制。这里的信任主要指的是某个特定的个体对他人的人格和人品的熟悉与相信。传统的熟人信任机制依赖的不是契约的制约和法律的约束，而是生活共同体中的习俗和道德，在这种环境当中一旦失信，失信者受到的不仅是惩罚和制裁，而且会受到舆论谴责。这种信任依靠的是熟人之间的关系，陌生人是不能够被他人轻易信任的。不仅如此，熟人之间的关系还形成了一个由近及远、由亲及疏、由熟悉到陌生的巨大关系圈，人们根据这个圈子来开展日常的社会生活和人际交往。

随着经济社会的发展，传统的熟人社会信任模式在社会交往当中已经不具备优势，面临着被打破的风险。由于社会发展的需要，熟人之间的信任已经不能满足人们的交往需求了，人们需要将关系拓展到陌生人当中去，而陌生人之间也要有相应的信任机制。陌生人之间信任关系的主体是形形色色的、素昧平生的陌生人，在这种信任机制当中，情感已经不再发挥主要作用，人们之间的交往需要依靠理性的信任机制。因此，人与人之间的交往需要明确的制度来保障，制度的普遍性、持久性、强制性对规范陌生人与陌生人之间的交往具有非常重要的作用。卢曼明确指出，信任能超越现有的信息去概括出一些行为的预期，从而用一种"带有保障性的安全感"来弥补所需要的信息，因此，"信任是减少社会交往复杂性的机制"。[1]

---

① 〔德〕尼克拉斯·卢曼：《信任》，瞿铁鹏、李强译，上海世纪出版集团，2005，第10页。

制度信任作为这种社会信任，自然也就继承了信任的主要功能，在遇到传统的熟人信任机制不能解决的问题的时候，就轮到制度信任出场了。社会成员之间的相互交往是不可能仅仅只依靠制度来规范的，还需要人与人之间的温情以及内在的共同价值观来维持，所以在当代的社会关系中，需要将熟人的信任机制和陌生人之间的制度信任相融合，才能促进社会的良好发展，培育出符合当代社会发展要求的公民政治德性。

第二节 作为价值引领者的促进作用

当今世界，国家依然是主导性国家形态，也是现行国际体系的政治单元。一个国家的制度信息、文化传统、历史民族、山川河流、道德观念等物质层面和精神层面的材料，均有利于形成公民对国家稳定的本体性安全归属、心理认同感和文化归属感。

一 通过教育体系的构建提升公民国家认同

我国提出了"富强、民主、文明、和谐"等24字社会主义核心价值观，从国家、社会、个人三个层面凝聚社会共识，巩固全国人民团结奋斗的思想基础，这一体系既契合中国特色社会主义发展要求，又传承了中华优秀传统文化，为公民政治德性养成提供了根本遵循。国家通过家庭、社会、学校等不同场景的相互配合对社会成员进行教育和引导，帮助社会成员树立起正确的价值观和人生观，灌输给他们社会生活的基本道德准则，提升自身素养，形成良好的生活习惯，让社会成员从心理上能够熟悉和理解公民政治德性的概念，认同公民政治德性的价值，形成良好的公民政治德性。

1. 加强公民政治德性的家庭教育

家庭教育是公民政治德性教育的起点。一个人的道德素质的形成和发展，是与家风和家庭环境密不可分的。首先，家风正则说明这个家庭的道德环境有利于家庭成员的成长与发展。良好的家风有助于家庭成员形成优良的思想道德品质，有助于家庭成员培养高尚的人格。同时，家风良好的家庭也会成为其他家庭以及社会成员效仿的对象，有助于提升社会整体的道德水平。父母是孩子的第一任老师，肩负着言传身教的重要责任，父母的道德观念和教育方法将直接影响孩子道德观念的形成和道德行为的发生。俗话说，孩子是父母的镜子，在家庭生活中，子女常常会不自觉地对父母的言行举止进行模仿，并当成自己一言一行的生活规范，会不自觉地成为父母的样子，父母的榜样作用和影响是其他教育所不可比拟的。如果父母在生活中过分看重金钱和个人的名利，以损人利己等不良行为作为行事准则，就会使孩子逐渐形成以自我为中心、自私自利、崇拜金钱等不良思想，难以良好的道德面貌示人，从而对其今后的人生道路产生恶劣影响。

2. 加强公民政治德性的学校教育

学校教育是提升公民政治德性的重要渠道。随着社会网络化、信息化的发展和人们交往空间的不断扩大，人们获取知识的渠道也越来越丰富，但学校教育仍要发挥主渠道作用。学校可以通过开设一些丰富多彩的中国传统文化课程、在其他学科的教学中渗透一些传统文化教育的相关内容，并辅以校园传统文化建设，同时开展一些学生乐于接受的以传统文化教育为主题的文化活动，让青少年了解中华优秀传统文化，培养和加深学生对祖国的深厚感情，促使青少年形成对国家、民族、文化等的认知和认同。

学校是公民政治德性教育的主阵地，其原因在于：其一，学校是社会的一部分，更是社会的缩影，在学校中就能实现生活化的政治德性教育模式，达到培养学生政治德性的目的。其二，现代学校教育制度确立以后，学生的生活主要指代的是学校的日常生活，学生通过学校的日常生活接受政治德性教育，有助于政治德性养成。

3. 加强公民政治德性的社会教育

社会教育是提升公民政治德性的重要渠道。社会组织包括社会团体、民办非企业单位、基金会、社区组织、民间组织等。其中社区组织因处于社会工作的第一线，是直接面向社会成员的，在公民政治德性培育和建设中发挥着较为重要的作用。社会组织、社区管理组织应针对社区人员的构成情况，找出制约社区发展的具体问题并解决问题；要注意启发社区成员自觉行动，强化社区自治，形成良好的社区秩序和社区风气；要关注社区弱势群体，发扬邻居之间互帮互助的优良传统，使互帮互助转变为居民的自觉行为。要大力弘扬中华民族邻里之间互助、扶贫济困的传统美德，倡导健康、科学、文明的生活方式，营造安定祥和、文明礼貌、团结和谐的社区氛围。团结友善是中华民族的传统美德，也是调节社区利益关系、消除社区内部矛盾的道德行为规范。以城市的社区组织为例，社区人口有着密度高、流动性强、人与人之间差别较大等特点，社区居民往往有不同的文化背景和社会背景，价值观念、风俗习惯、生活方式等也不尽相同，极易产生分歧与矛盾。要倡导居民间的团结与友善，有效调解居民间的非对抗性矛盾，使具有不同需求、不同特质的社区居民相互理解、相互包容，和睦相处。同时，现代社区人口结构的巨大改变使人际关系变得较为松散，居民在人际交往中往往会更加注重法律制度，不那么重视人与人之间的情感交流，安全感和归属感都会相应下降，互尊互敬、互谅互让、互帮互助的精神也较为匮乏，传统的亲密邻里关系已经逐渐逝去。要营造和谐的社区氛围，需要居民一步一步打开心扉，结伴为友，融入社区，守望相助。良好的社区风尚和人际关系有利于增强社区成员的安全感和凝聚力，缓解社会的压力，提高居民生活的满意度和幸福指数。

4. 加强公民政治德性教育的舆论引导

媒体是提升公民政治德性的重要渠道。媒体的引导作用至关重要，它将主流意识形态和价值观直接灌输给社会成员，通过树立典型形象和榜样，对公民发挥潜移默化的作用。加强媒体的舆论引导也是当前提升公民政治德性的重要一环。社会良好风气的形成重在引导，媒体的正面引导是和谐的社会风气得以形成的关键因素之一。如今，多元的价值观给公民的道德观和价值观带来了前所未有的影响，一些人的价值观出现了偏差，在社会上形成了不良的风气，这个时候就更应发挥媒体在社会舆论引导方面的作用。媒体不应该随波逐流，人云亦云，一味地迎合他人意见，而要保持清醒和理智。如今各地正在兴起"走基层"系列活动，媒体深入一线，对当前社会关心、关注的问题进行走访调研，在回应社会关切和期望、服务百姓生活等方面起到了重要作用。很多媒体还结合自己的受众定位，开展与之相关的主题采访报道，他们走进企业、走进田间地头，面向基层群众，深入挖掘普通劳动者爱岗敬业、恪尽职守的感人故事。各级新闻单位应重新认识媒体在社会道德建设中的作用，努力发挥社会主义核心价值观的引导作用，把社会效益摆在第一位，为广大社会成员营造出一个和谐美好的精神家园。

二 加快经济发展，促进公民政治德性提升

经济的发展与国家繁荣密切相关，也对公民政治德性的培育产生了重要影响。自改革开放以来，中国迎来了经济的腾飞，人民生活发生了翻天覆地的变化，这充分证明了社会主义的优越性。经济的发展为公民政治德性培育提供了物质保障（如更好的教育、医疗资源），有助于培育公民诚信品质，促进公民思想与行为的统一。

1. 经济的发展促使公民积极进取

市场经济是人类文明不断发展的产物，也是人类历史发展到一定阶段自然而然的产物，它的诞生、形成与发展，使传统的生产关系和生产要素都发生了变化，它改变了原来的所有制结构和劳动产品的分配方式，使人与人之间的关系发生了改变，连带着人们的消费结构和消费观念也发生了改变。市场经济作为一种经济运行方式，它的诞生和形成是符合经济社会发展要求的。同时，随着经济的不断发展，人与人之间的关系也不可能再回到当初简单原始的状态，为了适应不断发展变化的经济态势，人们的自主意识、民主法治意识、开拓创新意识都在不断增强。

公民作为市场经济中的主体，地位都是平等的，这种平等是不论出生背景、不论社会地位的，公民只要参加经济活动，就要遵守市场经济规则，没有地位的高低之分，经济主体在市场中平等地参加各项经济活动，平等地享有主体性地位，平等地进行等价交换。市场经济的平等原则，有利于经济主体之间进行平等交流与合作，经济主体之间的关系相对融洽，对全社会经济环境的优化也有促进作用。

市场经济是一种竞争经济，竞争作为市场经济的核心，推动着经济的发展，如果没有竞争，市场经济就会止步不前。只有竞争才能打破这种状态，促使经济更快更好地发展，通过竞争人们能提供更好的商品和服务，并且在不断的竞争中完善自我、提升自我，使个人更符合社会的发展要求。在竞争中，公民个人最大的对手不是别人，而是自己，只有提高自己的能力才能在竞争中取胜。同时，在这种良性的竞争中，人们不能只是被动地去接受挑战，而要积极主动地去接受挑战，提高自我，在接受挑战的同时，发展自我，达到自我的完善。

2. 市场经济的发展有助于公民诚信品质的培育

在自然经济条件下，生产力受到极大限制，人们生产的产品还没有达到自由交换的地步，人们的生活还停留在自给自足的阶段，因此，人们对于交换这件事的经验是非常缺乏的，商品交换只能靠订立契约来约束双方。可以说，人与人之间的交往有信，是对社会信用制度不够发达的一种强有力的补充。"诚信"在儒家思想中具有重要地位，是儒家思想的核心内容之一，诚信原指人所说的话要真实，许下的承诺、誓言等要依言实现，它的核心内容是真实和无妄，即对某一种信念、原则和语言出自内心的忠诚。诚信这个"诚"本意是指宇宙、社会、人心运行的原本状态，强调人与天的本质是一致调和的，即要顺天而行，率性而为。诚信的"信"在经济社会中并不是为了获得更大的、持久的利益的工具，它要求人首先要学会做人，"信"是人性的自然流露，其次才是做生意。在经济活动中，诚信是一种人格上的坚定信念和政治德性的良好实践，随着经济的发展，经济活动对经济主体的诚信要求越来越高，尤其是在市场经济条件下，经济主要依靠市场这只无形的手来调节，而市场具有自发性和盲目性，这要求市场主体要严格遵守诚信这一法则，只有这样，市场经济才能健康稳定发展。

3. 市场经济的发展促进公民思想与行为的统一

市场经济的发展能够促进公民思想与行为的统一。市场经济是一种以追求利益为目的的经济形态，市场经济的主体从事的一系列生产经营活动和商业活动的动力都是对利益的无限追求，在市场经济中，只有对利益产生不断的追求，才能促进社会长远的发展，个人对利益的不断追求，可使社会的共同福利不断增大，所以，市场经济主体追求自身利益在一定程度上是具有合理性的，这种合理性体现在经济发展不但能满足个人对物质利益的需求，而且还能够满足他人甚至整个社会对物质利益的追求。

"利己"虽然是一种客观存在的人的自然本性，也是个人和人类生存下去的动机，但利己也是一种不道德的品质。在社会的发展过程中，只有有了利益的诞生和人们对利益的追逐才能够产生经济活动，自然而然，人们必须要先满足自身的需求之后才能在经济活动中发挥自身的主观能动性。然而，只有利己没有利他显然是远远不够的，而且，利己和利他在一定的条件下是可以相互转化的。在市场经济活动中，商人通过利己的行为也使他人的需求得到满足，这就是利他的一种表现，因为这种行为既能满足他人需求，又能使自己在物质和精神方面得到满足，不仅利己，同样也体现了利他的一面。市场经济以充分的利己为动力源，但这种利己并不是无道德的，主体在实现自身主体地位、追求自身利益的同时，又自然而然地满足了他人的一些需求，这种利己与利他互相转化、互相融合是由市场经济固有的性质和原则决定的，这也就促进了公民思想与行为上的统一。

三 以法律体系明确公民政治德性的制度边界

法治是人类文明进步的重要标志，是治国理政的基石。在全面依法治国、建设社会主义法治中国的过程中，要坚持依法治国与以德治国相结合，以法律体系明确公民政治德性的制度边界，从法律层面为公民政治德性养成提供制度保障。

1. 法律制度的核心是正义

法治是一个国家最为基本的治理方式。良好的法律制度的核心是正义。法律中的正义主要指的是根据错误的行为尤其是违法行为所带来的结果来实施惩罚，所以我们经常说司法机关是正义的化身，但是法律并不能够与正义画等号，因为法律可以分为正义的法律和不正义的法律。法律正义就是法律上所认可和法律上所保障的正义。法律正义是社会正义的前提和保障。法律被人们看作社会正义的一种化身，理应对社会利益关系做出合理和公正的安排，这与人们的愿望和诉求直接相关。法律正义是一个历史范畴，随着社会的不断发展，法律正义也被赋予与历史进程发展同步的新内容。法律正义实质上就是要确认、维护和捍卫公民经济基础的公平性和正当性，一旦经济基础发生了改变，原有的法律正义也就会丧失其存在的理由和根据。

法律正义是国家意志的完美体现，同时法律正义的实现程度与立法者和执行者的素质有着非常紧密的联系。立法者和执行者的素质越高，就越有利于社会实现公平正义，从而促进整个社会的公平正义，反之也如此。换句话的意思就是说，法律正义如何实现很大程度上取决于立法者和执法者对于社会利益和社会需要的认识水平和理解水平，同时法律正义的实现也取决于立法者和执法者的个人品行和自身修养的优劣。

2. 良好的法律制度有助于培养公民的正义德性

法律是一种保障和实现正义的工具，具有明显的强制性。它要求人们在享有一定的公民权利的同时，还必须履行一定的公民义务，这些被法律法规所规定的公民权利和公民义务在一定程度上维持了社会公平和社会正义。良好的法律制度有助于培养公民的正义德性，正义德性要求公民在社会上开展一系列活动时，要表现出且具有正义感。同时，公民所做出的一切行为也必须都是符合正义的。在现实生活中，人们通过不断加强对正义的认识，对现实中的制度、道德关系和道德行为做出不尽相同的判断，由此产生一系列正义的情感体验和情感态度。正义感是社会成员对正义的认同、渴望等良好德性情感反应的表现，正义感基本来源于社会成员对于社会制度的一系列评价与情感态度，"正义是社会制度的首要德性。"①。社会制度主要解决的是社会对个人权利和个人义务应该如何分配的问题，是整个正义体系中最为关键的一部分。同时，正义感也是针对正义行为和非正义行为的评价，正义的行为是对社会、他人以及个人有好处的一系列行为，而不正义的行为会给社会带来损害，包括损害他人的尊严和利益以及损害自我的尊严与利益的行为。公民正义感的实质是个体根据正义的原则

---

① 〔美〕罗尔斯：《正义论》，何怀宏译，中国社会科学出版社，2009，第4页。

通过对具有特定利益关系的主体做出评价时所产生的对生活于其中的社会公正制度的稳定而持久的认同感和敬重感。一个富有正义感的公民，不仅要尊重社会制度和社会机构所要求的一系列正义原则，同时，也要对正义行为给予最大的认同和鼓励，对不正义的行为要产生强烈的排斥感并自觉抵制。

第六章 现代社会公民政治德性
养成的路径

公民政治德性是与公民身份紧密联系在一起的德性，是公民在政治生活中通过实践而获得的一种品质。公民政治德性并不是一个人与生俱来的，而是通过不断实践才能够逐渐养成并维护的一种品质。正直、勇敢、诚实的品质是公民本身具有的政治德性，但是如果没有经过后天的用心学习与培养，这些与生俱来的公民政治德性就不会成为严格意义上我们所认为的公民政治德性，也不能指导公民的政治活动。这些公民与生俱来的政治德性只有通过理性的指导和不断实践，才能真正地作用于人类的活动。公民要想获得政治德性，不但要持续学习，而且要在实践中通过不断重复符合公民政治德性的行为来加深这种德性。公民要对外在的政治德性（例如从经济、政治、法律等社会生活中所获得的政治德性）和内在的政治德性（例如从自我反省、自我学习、思考等角度获得政治德性）同时进行养成和内化，并认识到养成良好的公民政治德性对当代社会的积极意义和价值。公民政治德性养成的目的在于培养公民能够正确地"做人"与"做事"，从而使整个社会能够形成一种风清气正、公平正义、积极向上的风气。

第一节 现代社会公民在政治德性养成中面临的问题

随着全球化的不断推进、科技水平的不断提高，现代社会公民在政治德性的养成过程中面临多重困境，涉及个体与共同体、自由与责任、传统与现代的多重张力，既源于社会结构的变迁，也与制度设计、文化传统及个体价值观的冲突密切相关。

一　自我认同碎片化

麦金太尔指出，现代把每个人的生活分隔成多种片段，每个片段都有它自己的准则和行为模式，因此工作与休息相分离，私人生活与公共生活相分离，团体则与个人相分离。[①] 传统社会中，公民的身份与角色（如家族、职业、阶级）具有稳定性，政治德性与共同体的责任紧密关联。而现代社会强调流动性、契约关系和个体自由，导致身份认同碎片化，公民难以通过固定的社会角色形成稳定的政治责任感。此外，现代社会的公共领域（如政治参与、公共讨论）与私人领域（如家庭、个人生活）高度分离。公民在私人生活中追求个人利益最大化，而在公共领域中则可能表现出冷漠或工具化倾向，导致政治德性（如公共责任感、正义感）难以内化。

二　道德的功利化

道德的功利化是指将道德行为和道德判断建立在功利主义的基础上，即以实际利益和结果为导向来评价行为的道德性。[②] 道德的功利化表现为个人主义和物质主义的兴起，使道德被边缘化。在这种观点下，一种行为是否道德取决于它是否带来了好处或者避免了坏处，而不是基于行为本身的正义性或道德原则，这种倾向可能导致人们忽视道德原则和长远后果，只追求短期利益和个人利益的最大化。道德的功利化导致人们采取能够带来最大幸福或满足最大多数人需求的行为，基于结果的伦理判断可以提供相对简单的方法来评估复杂情况下的行为，从而提高决策效率。关注行为的功利效果有助于促进社会福祉，因为它强调了对社会有益的实际行动，过分强调功利可能会忽视公民个体的权利和尊严，特别是在少数人或弱势群体的利益被多数人的利益所牺牲的情况下。追求短期效用可能会忽视长期后果，导致不可持续或有害于未来的决策。如果道德完全由结果决定，

---

① 〔美〕麦金太尔：《德性之后》，龚群、戴扬毅等译，中国社会科学出版社，2020，第259页。

② 邓黎、张澍军：《反思与重构：基于现代道德发展困境的思考》，《思想教育研究》2018年第2期。

可能导致道德相对主义,使得道德标准变得模糊和多变。当公民只关注结果而不是行为本身的道德性时,可能会导致对不公正行为的冷漠,只要这些行为能够带来积极的结果。为了达到所谓的"最大幸福",社会可能会出现道德妥协、牺牲原则和道德标准的现象,在某种情况下,追求整体效用可能会加剧社会不平等,因为资源的重新分配可能不利于少数富裕或有权势的群体。总的来说,道德功利化可能会导致一种以结果为导向的伦理观,这在某些情况下可能是有益的,但也可能导致对道德原则的忽视和对个体权利的侵犯。因此,许多伦理学家主张在功利主义和其他道德理论之间寻找平衡,以确保既能考虑到行为的后果,也能尊重公民的权利和道德原则。

三 公民政治德性养成实践与法治建设要求不相适应

在推进社会主义法治建设过程中,如何建立一套完善的法律体系,包括确保法律的科学性、系统性、前瞻性和适应性,以及法律之间的协调性是个挑战。即使有了完善的法律体系,如果执法机构的能力不足、资源有限或者存在腐败现象,法律的执行也会面临困难。例如,制度设计时忽视对德性行为的正向激励(如见义勇为的法律保障、公共参与的机制支持),公民可能因"道德风险"而选择消极回应;对腐败现象和执法不公可能引发公民对公共事务的疏离,甚至滋生"法不责众"的投机心理;公权力缺乏有效监督的"制度性漏洞"使公民政治德性难以通过法治实践得到强化。

此外,随着社会主义法治建设的推进,在法律执行过程中,可能会遇到一些道德上的争议,比如,如何平衡个人利益与公共利益,如何处理法律与道德标准不一致的情况等。社会规范面临着变化,而新的社会规范还没有完全形成,导致社会行为规范的不确定性。在某些情况下,法律还可能与某种文化传统或习俗发生冲突。

现代社会通过提升公民法治意识,加强公民的权利与义务教育,完善法律制度,推进依法治国与以德治国相结合,对公民政治德性养成产生了积极影响。同时,也可能带来挑战,如一些传统的人治或权力导向的价值观可能会被挑战和抛弃,而新的价值观还没有完全建立起来,容易出现价值观的真空；法律变革与社会习惯之间的冲突，导致人们对于如何遵守法律和传承文化传统感到困惑；等等，这些都要求公民不断提高自己的政治素养和道德判断能力。

四 公民美德缺失的困境

在现代社会，公民美德的缺失已经成为一个值得关注的问题，受西方错误价值观的影响，在社会上出现了拜金主义、享乐主义、极端个人主义等倾向。这些错误观念在年轻群体中具有一定的影响力。过度的拜金主义、享乐主义和极端个人主义会冲击人们的价值观，可能导致社会关系紧张、社会不平等加剧，甚至可能导致社会的动荡和分裂。因此，应该高度重视公民美德缺失的问题，充分关注他人的感受和需要，引导公民为社会的和谐稳定贡献力量。

拜金主义是一种价值观，它将金钱和物质财富视为生活中最重要的目标和价值。拜金主义可能导致社会价值观的扭曲，使得物质财富成为衡量个人成功和社会地位的主要标准，而忽视了道德、精神、文化等非物质的价值。拜金主义可能加剧社会不公，导致人们为了追求金钱和财富而不择手段，甚至违背道德和法律，从而损害社会的整体道德水平。拜金主义可能导致人际关系的疏离，因为人们可能更关注物质利益而不是人际关系本身，这会破坏社区的凝聚力和人际信任。在拜金主义的影响下，个人和企业可能忽视对社会的责任和义务，只关注短期利益和利润最大化，而忽视长期效益和社会影响。拜金主义可能推动消费主义文化的兴起，使人们不断追求更多的物质商品和服务，从而导致资源的过度消耗和环境问题。

现代社会，享乐主义可能导致个人价值观的偏移，使人们更倾向于追求即时的满足和快乐，而忽视长远的目标、责任和后果。如果社会普遍接受享乐主义，可能导致对传统道德标准的放松，例如在婚姻家庭、人际关系等方面的道德约束可能变得模糊。过度追求享乐可能导致个人对社会责任和集体利益的漠视，使人们不愿意为社会的长期福祉做出牺牲和贡献。

个人主义对现代社会公民美德的影响是复杂且多维的，个人主义意味着个人追求自我实现和成长，这可以激发个人的潜能和创新精神，有助于社会的发展和进步。然而，个人主义也可能带来一些挑战，极端的个人主义可能导致个人对集体利益的忽视，有些人甚至以牺牲公共利益为代价来追求个人利益。极端个人主义会削弱社会凝聚力和集体责任感，使社会成员之间的联系变得松散，并导致道德相对主义，即认为每个人的道德标准都是相对的，这可能削弱社会对某些基本道德原则的共识；极端个人主义会导致社会资源分配的不均，个人可能更加关注自己的利益而不是社会整体的福祉，在面对公共事务时缺乏责任感和使命感，难以形成公共利益至上的价值观。

五　数字时代公民政治德性养成面临人工智能的挑战

数字时代背景下，数字技术如何重构公民的公共理性、责任意识、参与能力成为现代社会亟须解决的问题。随着 AI 技术、生成式人工智能技术的发展，数字技术的快速发展和应用加剧了社会的信息不平等，产生了数字鸿沟，这直接导致部分公民因缺乏相应的数字技能而无法参与政治生活，从而影响了他们的政治表达和权益维护。数字空间的匿名性和虚拟性使部分公民弱化了自我约束能力，淡漠了社会责任，比如有人在网络上随意发表不当言论、肆意传播虚假信息、参与网络暴力等，严重影响了网络政治生态的健康。此外，在数字时代背景下，公民的数字权力得到了前所未有的关注。随着大数据、人工智能、大模型的快速应用，尤其是生成式 AI 的数据采集与算法推演内容可能侵犯个人隐私，甚至可以通过多源数据推断公民的身份信息。如何保障公民的隐私权、如何引导公民在保障自身合法权益的同时，尊重他人的合法权益和社会公共利益是亟待解决的问题。

第二节　用社会主义核心价值观引领公民政治德性建设

新时代，加强公民政治德性培育和建设是推进中国特色社会主义事业必不可少的环节，也是一项基础性工程。要从战略高度重视公民政治德性培育和建设工作，用社会主义核心价值观对公民进行价值指引，用公民道德建设引领公民政治德性建设。

社会主义核心价值观是当代中国精神的集中体现，凝结着全体人民共同的价值追求，也是汇聚中国公民力量的道德基础。用社会主义核心价值观对公民进行价值引领，是新时代加强思想道德建设、凝聚社会共识的重要途径，可以增进公民的政治认同感，是公民明德修身、成长进步的根本遵循。

公民应该把社会主义核心价值观作为政治德性养成的精神内核。党的十八大提出，培育和践行社会主义核心价值观是凝魂聚气、强基固本的基础工程，它承载着民族精神追求，体现社会评判标准，是国家重要的稳定器。社会主义核心价值观包含国家层面的"富强、民主、文明、和谐"，社会层面的"自由、平等、公正、法治"，以及个人层面的"爱国、敬业、诚信、友善"。爱国、敬业、诚信、友善是公民基本道德规范，是从个人层面对社会主义核心价值观基本理念的凝练，覆盖社会道德生活的各个领域，是公民必须恪守的基本道德准则，也是评价公民道德行为选择的基本价值标准。

一　培育和弘扬社会主义核心价值观对公民政治德性养成的作用

习近平总书记在主持十八届中央政治局第十三次集体学习时指出，"核心价值观是文化软实力的灵魂、文化软实力建设的重点。"① 当今世界，文化软实力越来越成为影响综合国力和国际竞争力的重要因素，谁拥有强大的文化软实力，谁就能在激烈的国际竞争中赢得主动。社会主义核心价值观既体现了社会主义的本质要求，继承了中华优秀传统文化，也吸收了世界文明的有益成果，承载着中华民族的精神追求，体现了时代精神。社会主义核心价值观是当代中国精神的集中体现，是中国特色社会主义道路、理论、制度、文化的价值表达，也是中华民族最持久、最深沉的力量。它凝结着全体人民共同的价值追求，在传承中华优秀传统文化的基础

---

① 《习近平谈治国理政》，外文出版社，2014，第163页。

上传播当代中国的价值观,为世界人民了解中华优秀传统文化奠定了良好基础。

社会主义核心价值观有效凝聚了人民的价值共识。党的十八大以来,习近平总书记围绕培育和践行社会主义核心价值观发表了一系列重要讲话,提出了明确要求。党中央持续出台一系列培育和践行社会主义核心价值观的文件,推动社会主义核心价值观融入经济、政治、文化、社会等方面,融入法律法规、乡规民约、学生守则,融入人们日常生活,社会主义核心价值观的影响像空气一样无所不在、无时不有,有效凝聚了人民的价值共识,为中国式现代化建设提供了强大的思想引导力、文化凝聚力和精神推动力。

社会主义核心价值观是人们满意感、幸福感和获得感的主要源泉。培育和弘扬社会主义核心价值观应从国家层面、社会层面和公民层面开展宣传教育,回答我们要建设什么样的国家、建设什么样的社会、培育什么样的公民的问题:既要有国家繁荣昌盛、人民幸福安康的物质基础,也要有创造人民美好生活的政治保障,体现出学有所成、劳有所得、病有所医、老有所养、住有所居的生动局面。它是公民在社会主义国家的价值诉求,也是实现自由平等、公平正义的制度保证,还形成了社会主义新型人际关系,有利于和谐社会的构建。这些与人们日常生活息息相关的价值观念,有效回答了当代中国经济社会发展的价值目标、社会主义社会的价值取向、公民应当遵守的价值规范,是人们满意感、幸福感和获得感的主要源泉。

社会主义核心价值观在引领和培育公民政治德性方面的作用集中体现为以下几点。首先,社会主义核心价值观作为国家对于公民在最高层次上的价值观指引,它在价值取向上是内外一致的,它为公民政治德性养成的路径奠定了基调。社会主义核心价值观的提出对于实现中华民族伟大复兴至关重要,党和国家提出,实现中国式现代化的第一阶段目标是:到2035年前基本实现社会主义现代化,在经济、科技、治理能力等各领域达到现代化标准,包括民主健全、科技进步、教育公平等。要实现这一阶段性目标,需要一代又一代人付出艰苦的努力,这不仅是国家与人民共同的意愿，体现了整个中华民族的价值取向，还为现代社会公民政治德性的养成指明了方向。其次，在实现中华民族伟大复兴的过程中，社会主义核心价值观为公民政治德性养成提供了基本指导。"爱国、敬业、诚信、友善"是统领公民基本道德规范的纲领性要求，"爱国"是公民政治德性的核心要求，"敬业"体现责任担当，"诚信"与"友善"则是处理社会关系的基本准则。这些价值准则既传承了中华优秀传统文化中的道德要求，也契合现代社会公民的精神需求。

二　用社会主义核心价值观推进公民政治德性养成的具体措施

党的十八大以来，培育和践行社会主义核心价值观成效显著，社会主义核心价值观成为人们有效凝聚价值共识、凝聚社会力量的重要价值基础。党的十八大报告提出"积极培育和践行社会主义核心价值观"[①]，党的十九大报告提出"培育和践行社会主义核心价值观"，党的二十大报告提出"广泛践行社会主义核心价值观"[②]，从"积极培育和践行"到"培育和践行"，再到"广泛践行"，看似变化不大的表述，实则彰显了新时代践行和弘扬社会主义核心价值观的系列成就。

新时代，要用社会主义核心价值观推进公民政治德性养成，要做到以下几个方面：第一，增强公民在实践中的群体认同感，加深每个个体对于美好的政治德性的内心遵从，为实践提供源源不断的动力。要充分利用各种渠道和途径传播和弘扬社会主义核心价值观，加深公民对社会主义核心价值观的理解，要把社会主义核心价值观内化于心，外化于行。同时，我们还要将其与我国丰富的历史文化资源结合起来，挖掘其不竭的精神动力。在具体实践过程中，我们要联系现实生活中发生的感人事迹、先进集体的正能量行为，运用短视频、自媒体等人们易于接受的方式，为传播和弘扬美好的公民政治德性提供强有力的说服依据，深化公民对于国家和民

---

① 习近平：《决胜全面建成小康社会　夺取新时代中国特色社会主义伟大胜利——在中国共产党第十九次全国代表大会上的报告》，人民出版社，2017，第23页。

② 习近平：《高举中国特色社会主义伟大旗帜　为全面建设社会主义现代化国家而团结奋斗——在中国共产党第二十次全国代表大会上的报告》，人民出版社，2022，第44页。

族的整体认同感。第二，强化公民形成美好政治德性的意志信念。习近平强调，"经过几千年的沧桑岁月，把我国五十六个民族、十三亿多人紧紧凝聚在一起的，是我们共同经历的非凡奋斗，是我们共同创造的美好家园，是我们共同培育的民族精神，而贯穿其中的、更重要的是我们共同坚守的理想信念"。① 我们要始终坚持对马克思主义、共产主义的信仰，增强对于中国特色社会主义的信念，增强对实现中华民族伟大复兴的信心，不惧风雨，笃定前行。第三，运用榜样力量，塑造好精神家园。习近平指出："中华文明源远流长，蕴育了中华民族的宝贵精神品格，培育了中国人民的崇高价值追求。自强不息、厚德载物的思想，支撑着中华民族生生不息、薪火相传，今天依然是我们推进改革开放和社会主义现代化建设的强大精神力量"。② 榜样的力量是无穷的，这些强大的精神力量为我们提供了良好的示范和强大的精神动力源泉，因此，在实践中应以它们为动力，践行社会主义核心价值观，一步一个脚印，躬身实践去实现人民心中的夙愿。有了榜样的引领，还需要在现实生活中朝榜样去努力，不同岗位、不同行业的公民在做好自己本职工作的同时，还要携手互助。第四，政府应发挥主导作用，通过立法将社会主义核心价值观转化为制度规范，如《促进民营经济发展法》明确要求民营经济组织"拥护党的领导，坚持中国特色社会主义制度"，将政治价值要求融入市场经济立法。

第三节　加强公民道德建设，提升公民政治德性修养

一　加强公民道德建设的重要意义

加强公民道德建设对于提高人民思想觉悟、道德水准、文明素养，提高社会文明程度，具有重要的作用，它能够凝聚道德力量，为公民政治德性养成提供思想保障和精神支撑。《新时代公民道德建设实施纲要》强调，要把社会公德、职业道德、家庭美德、个人品德建设作为着力点，鼓励人

---

① 《习近平著作选读》第一卷，人民出版社，2023，第97页。
② 《习近平谈治国理政》，外文出版社，2014，第158页。

们在社会上做一个好公民，在工作中做一个好建设者，在家庭里做一个好成员，在日常生活中养成好品行。

1. 社会公德

社会公德是公民在公共生活中应当遵守的行为准则。在现代社会中，社会公德的主要表现为文明礼貌、助人为乐，爱护公共财物、保护环境、遵纪守法等在社会公共生活中应当遵守的行为准则。文明礼貌是人与人之间相处的一种必须具备的规范和规矩，它要求人与人之间应该和谐友善，讲礼貌，不说脏话，也不要随便欺骗他人和猜疑他人。公民在公共生活和社会生活中，应该团结友爱、相互关心。当别人遇到困难的时候，需要帮助的时候，应该及时施以援手，为他人提供帮助；同时应该分清是非，在关键时刻挺身而出。爱护公共财物是社会公德中一项重要的内容，体现在公共设施使用、公共资源保护、文明行为等方面。保护环境也是社会公德中的重要内容，不仅体现为保持公共场所的整洁、干净和舒适，还要保障生活在其中的公民的身心健康，每个公民都应当维护好、保持好公共场所的干净整洁，保护好自身生活的环境，这也是每个公民应当遵循的基本行为规范，体现出每个公民甚至整个民族的文明程度和精神面貌。遵纪守法是对公民行为最基本的约束，是对道德强有力的补充。个人要想正常地开展社会活动，就必须要有法可依、有律可循，必须遵守一定的行为规范，既要遵守国家颁布的法律和法规，也要遵守公共场所的基本规范。公民只有依法行事，才不会妨碍其他公民的正常生活，才能确保自身所要进行的活动顺利，不会对他人造成损失和伤害，保持整个社会公共生活和谐健康地发展。每个公民都应该自觉提高法律意识和纪律意识，自觉用法律和纪律来指导和约束自身的行为，自觉履行公民义务，真正做到遵纪守法、知法懂法。

2. 职业道德

职业道德是指从事一定职业的人在职业生活中应当遵循的具有职业特征的道德要求和行为准则。① 爱岗敬业，诚实守信，办事公道，服务群众，

---

① 本书编写组：《思想道德与法治》，高等教育出版社，2021，第165页。

奉献社会是职业生活中的基本道德规范。

职业道德是针对公民职业的道德要求，是受社会普遍认可的一种道德。职业道德通常表现在职业生活中的观念、习惯和信念上，职业道德是公民政治德性的重要内容之一，它既表现为社会公共德性，也具有自身的独特作用，良好的职业道德能够有效调节员工与员工之间的关系以及员工与其所服务对象之间的关系；能够维护企业的良好信誉，提升企业的好感度；能够促进和带动整个行业的良性发展。

3. 家庭美德

家庭美德是指公民在家庭生活中所表现出来的美德，具体来说是指公民调整和协调家庭成员之间的相互关系、处理家庭中存在的问题时所要遵循的一种道德要求。家庭美德表现为尊老爱幼、男女平等、勤俭持家、夫妻和睦、邻里互助等。

"尊老爱幼"是指公民要尊敬老人、爱护儿童，尊敬上一代，关心下一代。自古以来，我国就有着尊老爱幼的传统，这是家庭美德的重要内容之一。"男女平等"是指男性和女性在社会、经济、文化以及家庭等方面都拥有相同的权利和同等的地位，要履行相同的义务，男女平等不仅是家庭美德的良好表现，也是社会主义制度优越性的体现。"勤俭持家"是衡量一个家庭是否文明和是否健康的重要标志之一，勤俭是指要勤劳和节俭，不能懒惰，要依靠自己的努力使生活越来越好，同时要生活节俭，不要浪费，也不要漫无目的地消费。用双手创造幸福是中华民族自古以来就倡导的观念，幸福是奋斗出来的，只有勤劳才能走向幸福的终点。勤俭持家这一项家庭美德有利于整个社会保持幸福安定。"夫妻和睦"是指丈夫与妻子之间要和睦相处、互相尊重，这样才有利于家庭幸福，夫妻和睦有助于营造良好的家庭氛围，子女生活在其中也会感受到家庭的温暖和幸福。"邻里互助"是指邻居之间相互帮助、携手前行，邻里之间既无血缘关系也无法定关系，但朝夕相处，在生活中就会产生广泛的联系。邻里之间如若能够和谐相处，就会像亲人一样，互相帮助、互相依靠，携手将生活过得更好，所谓"远亲不如近邻"就表达的是这个意思。如若邻里之间不甚和睦，不仅会对两个家庭产生不好的影响，也会影响整个社区的安定，对社会风气也产生不良影响。因此，邻里互助不仅有利于公民个人，也有利于整个社会和谐。

家庭美德的培育对社会能够产生良好的影响，有利于整个社会的安定和团结，有助于推进道德建设，是美满幸福生活的源泉。家庭美德是公民在家庭生活中应该遵循的行为准则，是调节家庭成员之间的关系和调整家庭生活状态的行为规范。个人生活幸福与否，不仅与社会文明进步密切相关，还与是否拥有一个和睦、温馨的家庭休戚与共。"无论时代如何变化，无论经济社会如何发展，对一个社会来说，家庭的生活依托都不可替代，家庭的社会功能都不可替代，家庭的文明作用都不可替代。无论过去、现在还是将来，绝大多数人都生活在家庭之中。我们要重视家庭文明建设，努力使千千万万个家庭成为国家发展、民族进步、社会和谐的重要基点，成为人们梦想启航的地方。"① 公民要正确对待和合理处理家庭中的问题与矛盾，培养和发展好夫妻之间的爱情、老人和儿童之间的亲情、邻居之间的友情，这不仅关系到每个家庭是否美满幸福，也有利于整个社会的安定与和谐。

4. 个人品德

个人品德是通过社会道德教育和个人自觉的道德修养所形成的稳定的心理状态和行为习惯。它是个体对某种道德要求认同和践履的结果，集中体现了道德认知、道德情感、道德意志、道德信念和道德行为的内在统一。② 个人品德反映在公民政治德性中表现为公民在公共生活中表现出来的一些善的道德品质，这些道德品质直接影响公民在公共生活中的行为、生活习惯和作风，对于公民形成正确的道德判断，提高道德实践能力尤其是自觉实践能力具有重要意义。具体表现为五个方面：爱国奉献、明礼遵规、勤劳善良、宽厚正直、自强自律。

有学者认为，德性也可以说是品质的善的状态，"一种品质之所以被看作德性，是因为它是有利于人更好生存的"。③ 个人品德是实现社会个人的自我价值并使自身进行自我完善的内在根据，个人在行为过程中对行为

---

① 《习近平著作选读》第一卷，人民出版社，2023，第544页。
② 本书编写组：《思想道德与法治》，高等教育出版社，2021，第173页。
③ 江畅：《德性论》，人民出版社，2011，第31页。

动机进行整合、对行为目标的确定、对行为的自觉调控等都是个人品德的功能和作用的体现。社会道德的要求只有同个人品德相契合，才会转变为现实的道德力量，才能成为个人走上家庭和睦、职业成功、个性健康丰富的幸福必经途径。古往今来，个人品德作为一种无形的精神力量，指引着人们追求至善、追求幸福。个人品德的具体内容并不是一成不变的，它会随着社会的发展以及公民实践活动的深入变得更加丰富多彩。同时，个人品德对社会道德的发展和变革能够产生重要的推动作用，个人品德的提高能够为社会道德的发展进步创造条件、提供动力。

二　将公民政治德性养成与公民道德建设有机结合

将公民政治德性养成与公民道德建设有机结合，不仅有助于提升公民道德水平，而且有助于提升公民政治德性修养。提升公民道德水平要强化公民道德建设，完善公民道德建设内容。加强公民政治德性建设要强化公民在政治生活中的品德建设和责任建设。

1. 公民道德建设要坚持先进性与传统性相结合

公民道德建设要坚持先进性与传统性相结合。公民道德建设的内容是随着时代的发展而不断丰富的，对于公民道德建设我们既要结合时代发展的特点，又要不断汲取中华优秀传统文化当中的精髓和精华。在长期的历史发展过程中，中华传统美德已经深入中华民族的精神基因之中，具有重要的当代价值。比如道法自然、天人合一的思想，自强不息、厚德载物的思想，为政以德、仁者爱人的思想，以诚待人、言而有信的思想，廉洁奉公、为民请命的思想等，这些传统的中华美德中蕴藏着的中国智慧，为我们今天的公民道德建设提供了有益的启发。新时代加强公民道德建设，必须要对中华优秀传统文化进行创造性转化和创新性发展，从而为公民道德建设内容注入更加丰富的内涵和资源。"今天，中华民族要继续前进，就必须根据时代条件，继承和弘扬我们的民族精神、我们民族的优秀文化，特别是包含其中的传统美德。"[1] 中华优秀传统文化包含着丰富而完备的道德建设内

---

① 《习近平谈治国理政》第一卷，外文出版社，2018，第181页。

容，对我们当前的公民道德建设具有强大的引领作用。"只要中华民族一代接着一代追求美好崇高的道德境界，我们的民族就永远充满希望。"①

2. 公民道德建设要将基础道德教育与法治教育相结合

公民道德建设要将基础道德教育与法治教育相结合。公民道德建设是一个长期而缓慢的过程，其效果不太可能在短时期内就显现出来。我国开展系统的公民道德建设的时间还比较短，要求社会立即形成良好的道德环境、公民养成良好的道德习惯是不现实的，因此，在开展公民道德建设的同时，我们需要辅之以各种法律法规来对公民进行约束规范，这样能使公民道德建设取得更好的效果。

法律是一种保障和实现正义的工具，国家制定法律法规并以此来规范和约束人们的行为，它具有显而易见的强制性。它要求人们在享有公民权利的同时，还必须要履行公民义务，这些被法律法规所要求和提倡的公民权利和公民义务在最大限度上维持了社会公平和社会正义。因此，法治教育对于在社会中生活的公民来说必不可少，知法懂法、守法用法是对公民的基本要求。在道德教育之余，还要辅之以法治教育，使公民在法律法规的约束下自觉遵守道德规范，使其具有良好的道德修养。

3. 要深入研究和关注伦理关系

加强公民政治德性建设要深入研究和关注伦理关系。政治德性作为公民道德的重要组成部分，直接关系到公民在政治生活中的行为准则和价值取向，而伦理关系则是人们在社会生活中形成的道德规范和道德关系的总和，它对于塑造公民的政治德性具有至关重要的影响。伦理关系是人类社会的基础，不仅影响着我们的行为、思想、行业规范和法律法规，还反映了我们对道德和良心的认识。加强伦理关系的研究有助于明确公民自身在政治生活中的权利和义务，通过深入剖析伦理关系，可以使公民清晰地认识到公民在政治体系中的地位和作用，有助于使公民形成正确的政治观念，自觉遵守政治规范，积极参与政治生活。伦理关系中蕴含的道德规范和价值理念，对于公民的政治德性具有重要的塑造作用，人们遵循的基本

①《习近平谈治国理政》，外文出版社，2014，第106页。

道德原则，如诚信、尊重、公正、责任、信仰和善意等构成了伦理关系的核心，公民通过学习和实践这些道德规范，可以不断提升自己的政治德性修养，增强政治责任感和使命感，以更加积极、负责的态度参与政治活动。一个健康、和谐的政治生态需要良好的伦理关系作为支撑，通过研究和倡导符合伦理要求的政治行为，可以促进政治生活公正、公平和透明，从而增强公民对政治体系的信任和支持，推动社会生态的持续优化。

4. 公民要积极参与社会公共事务

市场经济的不断发展给人们带来了巨大的经济利益和丰厚的物质财富。受功利主义、拜金主义、个人主义等错误思潮的影响，人情变得越来越淡，只要不涉及自身利益，有些人就会采取冷漠的态度，对不正之风甚至错误言行放任不理，这样就产生了一系列不良的影响和后果，不仅会影响正常的社会秩序，还会使社会的认同感和凝聚力减弱。

公民作为参与公共事务的主体，既拥有相应的权利，也应履行相应的义务。公共事务是包含个人、集体乃至整个国家共同利益的一系列社会性事务，它代表着与社会成员共同利益密切相关的社会性事务，其在物质方面的表现为社会成员具有普遍需求的公共物品和公共服务。为了维护社会的稳定和维护国家、集体和个人的利益，公民必须积极参与公共事务，来真正实现公民的权利和义务。

5. 公民要积极参与社会主义现代化建设

当代中国正处于高速发展中，公民要积极参与社会主义现代化建设。进入 21 世纪，中国以前所未有的自信屹立于世界民族之林，为世界的和平与发展、人类的文明与进步做出了积极贡献。随着世界向多极化发展，国家之间的竞争日益激烈，中国只有大力发展生产力，创新科技生产才能立于不败之地。从文化上讲，现在的世界是一个开放的世界，不同文化之间相互包容与不断碰撞是当今时代的重要特征，如何在文明的冲突与交流中发扬光大中华优秀传统文化，提升文化软实力，提高中华优秀传统文化的国际影响力，需要我们加快文化建设，对传统文化弃其糟粕，取其精华。从社会层面讲，我们需要最大限度地发展和谐因素，最大限度地消除不和谐因素，团结全体人民投身于具有中国特色的社会主义现代化建设。所有这一切要想实现，都需要公民从国家利益出发，树立国家意识，为国家发展做出自己的贡献，只有这样，才能实现中华民族伟大复兴的梦想，发挥出中国作为一个大国对人类文明进步、世界和平发展的作用，不断提升中国在国际舞台上的影响力。

6. 以提高公民自身修养为根本

党的二十大报告提出，要深入实施人才强国战略，"培养造就大批德才兼备的高素质人才"①，根据这一要求，加强公民政治德性建设非常关键。公民必须进行自我修炼，加强自我约束。正如儒家经典《礼记·大学》所讲："身修而后家齐，家齐而后国治，国治而后天下平。自天子以至于庶人，壹是皆以修身为本"，意思是说，无论是治理国家，还是管理家庭，都要把自身的品格修养作为根本。因此，从国家和社会的层面来讲，都要提高公民自身修养。

通常，在人文社会科学领域，各位学者往往会把"德"区分为"公德"与"私德"。这是对"德"在公共领域和私人领域的主体活动在不同适用范围内的概括。按照传统儒家文化所要求的，公民不仅在私人领域要注意修身，而且在公共领域如政治活动中也应该以更高的标准来要求自己，达到"严以修身"。通常来说，普通公民在行为上和一些活动中出现品德问题对社会的影响是有限的，但如果不是普通公民，而是领导干部，如果其在从事政务活动时的品行不够端正，其影响将是极其恶劣的。习近平指出："以德修身、以德立威、以德服众，是干部成长成才的重要因素。"②此处针对干部所提出的"以德修身"就是要将道德修养与党性修养结合，明大德、守公德、严私德，践行社会主义核心价值观。

修身，是每一个公民一辈子都要做好的课题。中华民族历来强调修身的重要性，儒家提出"内圣外王"，强调向内用力；古人以"修身齐家治国平天下"为己任，可见修身是摆在第一位的。一个人不会因为党龄和工龄的增长、职务的升迁其素养就会得到自然而然地提高，相反，其面临的

① 习近平：《高举中国特色社会主义伟大旗帜　为全面建设社会主义现代化国家而团结奋斗——在中国共产党第二十次全国代表大会上的报告》，人民出版社，2022，第36页。
② 《习近平谈治国理政》第二卷，外文出版社，2017，第45页。

挑战还有可能增大。随着年龄的增长，对于自我的修炼、自我的约束和自我的改造都应该随之强化而不是放松和减弱。

7. 以公民道德建设为基石

2001 年，中共中央印发了《公民道德建设实施纲要》，这是具有里程碑意义的文件。2019 年，根据新的形势变化和新的要求，中共中央、国务院印发了《新时代公民道德建设实施纲要》。这是继 2001 年《公民道德建设实施纲要》之后，适应中国特色社会主义新时代要求的道德建设纲领性文件。公民道德事关整个社会、每个公民在公共生活领域的道德要求，体现了国家对公民修养提升的要求以及对整个社会公共生活秩序及其公正性的追求。作为中国公民，在法律规定的范围内，既享有既定的权利，也需要承担相应的义务，维护和遵守公民道德。

2016 年 12 月 9 日，习近平总书记在主持中共十八届中央政治局第三十七次集体学习时明确指出："法律是成文的道德，道德是内心的法律。"[1] "法安天下，德润人心。"[2] 法律和道德是相辅相成的。《新时代公民道德建设实施纲要》明确指出，要坚持发挥社会主义法治的促进和保障作用，以法治承载道德理念、鲜明道德导向、弘扬美德义行，把社会主义道德要求体现到立法、执法、司法、守法之中，以法治的力量引导人们向上向善。法律维护的是公民道德的底线。一个人如果失去了道德底线，沦落到需要法律来治理的层面，从某种意义上可以说，他是不能够被称为"公民"的。《新时代公民道德建设实施纲要》回应时代需要，强调要及时把实践中广泛认同、较为成熟、操作性强的道德要求转化为法律规范，坚持严格执法，加大关系群众切身利益的重点领域的执法力度，以法治的力量维护道德、凝聚人心。

道德，作为人们的一种言行规范，其落地实施主要靠社会舆论风向的褒贬和评价来进行引导。虽然公民道德建设在实施上没有行政和法律那么强的力度和硬度，但是它能够营造一种促使人们心向道德的氛围，使不道德的人能够感到羞耻，从而自觉对自己的一言一行进行约束，也就很难触

---

① 《习近平谈治国理政》第二卷，外文出版社，2017，第 133 页。
② 《习近平谈治国理政》第二卷，外文出版社，2017，第 133 页。

碰法律的底线。要达到并实现这一效果，单靠每年的"学雷锋日""感动中国"等有限的节日或活动对公民进行心灵熏陶是远远不够的。随着智媒时代的发展，推动公民道德建设也应采取与时俱进的方式和方法。

第四节　加强公民教育，提升公民政治德性修养

加强公民教育，既有利于提升公民的政治德性水平，有效提升公民的包括法律意识、社会责任、权利与义务等在内的政治素养，又可有效提升公民在涉及价值观、道德品质、政治参与等政治德性方面的修养。这是构建和谐社会、推动国家治理体系和治理能力现代化的重要基础。

提升公民的政治德性修养，能够更好地实现公民价值，有利于社会的和谐稳定。提高公民政治德性修养可以聚焦在培养公民主体意识、公民权利意识、引导公民形成正确的共同意识、加强公民政治参与、引导公民加强自我修养等方面。

一　培养公民主体意识

加强公民教育，首先要培养公民的主体意识，即培养公民的权利意识和义务意识。公民的主体意识是公民教育的基本内容之一。第一，要通过教育的途径让公民明白自己的权利和义务，让他们知道自己是社会的成员，而不是单纯的被管理对象，只有当公民真正明白自己在这个社会中的地位和作用时，才能产生出强烈的主体意识。第二，要鼓励公民积极参与社会事务，让他们感受到自己的参与是有价值的，能够影响社会的发展和进步。第三，要让公民了解国家的法律法规、社会道德规范等，让他们在日常生活中能够自觉遵守法律法规，养成良好的行为习惯，进一步增强主体意识。第四，鼓励媒体多报道一些正面的、积极的新闻，让公民看到社会的进步和发展，从而坚定自己的信念。

二　培养公民的权利意识

加强公民教育，要培养公民的权利意识。

第一，要营造良好的社会氛围。公民权利意识的培养绝不是一朝一夕可以完成的，也不是仅依靠学校的教育就可以完全实现的，而是需要动员全社会的力量，形成家庭、学校、社区和社会共同建设一体化推进的良好氛围。社会各界要关注公民权利意识的培养，新闻媒体要做好公民权利意识的相关宣传工作，教育行政部门要积极规划好公民权利意识教育进课堂的组织工作，学校应将公民权利意识的培养作为学生教育的重要内容之一，加强对培养公民权利意识相关方式方法的研究。

第二，要正确处理行政权力和公民权利的关系。政府的权力不是凭空产生的，而是由人民的权利派生而来的，这在客观上要求必须正确处理好行政权力和公民权利之间的关系，党政干部要在执政为民思想的指导下开展工作，用好人民赋予他们的权力，以平等的心态来开展工作。在此基础之上，政府还要推行信息公开、政务公开等一系列透明化的公开流程，加强与公民之间的沟通交流。

第三，要维护宪法和法律的权威。在现实生活当中，公民权利得不到保障的情况时有发生，走法律途径要花费大量的时间和金钱，甚至有时通过法律途径或者法律手段也难以伸张正义，这些情况都会导致公民对法律信仰产生动摇和对法律的权威产生怀疑。正如英国著名哲学家弗兰西斯·培根所言，"应当懂得，一次不公正的裁判，其恶果甚至超过十次犯罪。因为犯罪虽是冒犯法律——好比污染了水流，而不公正的审判则毁坏法律——好比污染了水源"。[①] 要避免不公正现象的出现，就要依法行政，维护宪法和法律的尊严，这也是增强公民权利意识的有效途径之一。

三　引导公民形成正确的共同意识

加强公民教育，还应引导公民形成对社会正确的共同意识。公民对社会的共同意识是公民对其自身的政治地位和法律地位以及其权利和义务的总体认识。这种意识是每个公民都具有的普遍意识和普遍心态，这种普遍意识既体现为公民对其自身价值和主体地位的认识，还体现为公民对其权

---

① 〔英〕弗兰西斯·培根：《人生论》，何新译，湖南人民出版社，1987，第219页。

利和义务的认识。

公民政治德性是在公民政治生活中公民所被要求的道德和品质，公民政治德性的形成和发展过程，实质上也是公民社会共同政治意识的形成和发展过程，公民的政治伦理德性指导着公民对社会中人际关系的意识，公民理智政治德性和实践政治德性则指导着公民的理性政治意识和行为政治意识，同时政治德性也表现为公民对待每种或者每类事物时所具有的思想、心态，所以公民政治德性的养成实质上对公民在政治生活当中的共同意识和普遍心态的形成都具有积极作用，并且有助于政治上的共同意识和普遍心态的形成。

四　加强公民政治参与

人民代表大会制度是中国的根本政治制度，也是极具中国特色的制度，它强调国家的一切权力都属于人民，人民是国家的主人。根据宪法和相关法律规定，全国人民代表大会和地方各级人民代表大会均由民主选举产生，对人民负责，受人民监督，为公民的政治参与提供了有效渠道。公民政治参与是公民政治德性养成非常重要的环节，加强公民政治参与是推进民主政治建设、保障人民当家作主的重要途径。

1. 保证公民政治参与的有效性

推进公民政治参与，提高公民的政治参与意识，必须以保证公民政治参与的有效性为前提。当前，公民参与民主政治建设的意愿不断增强，参与的广度和深度不断拓展。公民既参与国家和社会事务管理，又参与经济和文化事业管理；既参与国家顶层设计的意见建议征询，又参与地方公共事务管理。这种全方位的参与使得公民的权益得到更好的保障和实现。

习近平总书记在党的二十大报告中指出："全过程人民民主是社会主义民主政治的本质属性，是最广泛、最真实、最管用的民主。"[①] 全过程人民民主依法保障并不断发展人民的民主选举权利，使人民的民主选举权利更

---

① 习近平：《高举中国特色社会主义伟大旗帜，为全面建设社会主义现代化国家而团结奋斗——在中国共产党第二十次全国代表大会上的报告》，人民出版社，2022，第 37 页。

加真实有效。全过程人民民主既有完整的制度程序，又有完整的参与实践，推动人民依法有序政治参与不断扩大，有效保障人民的期盼、希望和诉求有地方说、说了有人听、听了有反馈。这种有序政治参与可确保公民的意愿能够被充分反映和处理。这使得人民当家作主的理念在中国社会中深深扎根，并成为实实在在的制度形态、治理机制和生活方式。这种有效的民主参与和广泛的政治参与推动了民主蔚然成风、社会充满活力。一个充满活力和积极参与度的社会环境是公民政治参与有效性的重要体现。

2. 保证公民政治参与的有序性

公民政治参与是指公民通过一定方式直接或间接影响公共政策、公共生活及政府决策的政治行为，如参加各种政治组织、参与选举各级人大代表、投票、听证会、建言献策等。党的二十大报告指出，要"健全人民当家作主制度体系，扩大人民有序政治参与"[①]，通过完善民主选举、协商、决策、管理和监督等制度，确保公民依法参与国家和社会事务管理。

大多数公民在社会活动中会明确表达出自己的意愿，例如公民参与社会的经济生活和文化生活，发起和开展环境保护活动、公益文化活动，救助弱势群体等，这些社会实践都可以强化和唤醒公民的权利意识和民主意识，培养和提升公民的合作精神，进而培育公民的政治德性。

3. 发挥网络对公民有序政治参与的积极作用

推进公民政治参与，要充分发挥网络在公民有序政治参与中的积极作用。网络在反映多元丰富的声音、反映公民的真实意愿以及信息传播等方面具有很大的优势，任何传统媒体都无法取代网络，它在增强公民政治参与的平等感和提高公民参政能力等方面的优势也是显而易见的。特别是在推进公民政治参与方面，网络为民意表达和公众参与提供了有效的技术手段，特别是使弱势群体也有可能参与决策。今天，网络已经成为人们生活中必不可少的一部分，大数据、人工智能等对人们的思想意识、行为方式等产生的影响可谓无处不在，网络因其特有的优点，已经成为公民政治参

---

① 习近平：《高举中国特色社会主义伟大旗帜 为全面建设社会主义现代化国家而团结奋斗——在中国共产党第二十次全国代表大会上的报告》，人民出版社，2022，第37页。

与的有效途径之一。

互联网在公民政治参与中发挥了积极作用，其独一无二的便捷性为公民政治参与提供了良好的渠道。一是网络给人带来的平等感对于培育公民政治参与意识有很大的帮助。网络对任何使用者来说都是平等的，这种平等至少表现在两个方面。首先是处理信息的平等性。每一个人都可以通过连接到互联网上的移动端口查看你想要了解的信息，必要时还可以通过电子邮件、聊天软件等多种途径进行交流。其次，网络上的互动方式给人以平等感。在现实生活当中，不平等的现象自然是随处可见的，各种各样的划分"等级"的制度都会给人们的心理造成一定的压力，而互联网世界可以说是一个既真实又虚幻的世界，亦真亦假。在这个世界里，人们在地位、教育水平、金钱等方面的差距几乎完全消失，每个人都可以在网络上得到平等的待遇，而这种平等感正是提升公民政治参与意识的要素。

二是互联网降低了公民政治参与的成本。大多数学者认为，网络的普及和大范围的应用有利于提高公民的政治参与意识，能够使更多的公民参政议政，网络提供了一个公民政治参与的新渠道。从经济上讲，网络参政议政节约了公民政治参与的成本。与邮寄等传统的参政议政方式相比，网络参政议政节省了开支，如公民政治参与所必需的知识，只需上网上便可以轻松地搜索到相关法律条文，而不用花很多时间和精力到图书馆去借阅或到书店去购买。同时，信息发布到网络上后还会使更多的人可以快速看到你的意见和建议，甚至可以传递给一些重要部门和重要人物。网络参政使得大多数公民都可以便捷地表达自己的愿望和诉求，实现了政治参与的方便快捷和成本低廉。

三是互联网使得公众与政府之间形成了新型关系。传统的公共事务管理体现出来的是自上而下的政府与公众之间的关系，政府通过颁布法律规范、条例和规定来对公众进行垂直统一管理。在传统社会，人们的参政渠道少、参政范围小、参政意识弱，只能形成对政府及其决策的被动认同。在互联网时代，网络参政在某种程度上改进了政府的工作方式，公众与政府之间建立了一种新型关系，公众的政治参与更加有效。

五　引导公民加强自我修养

提升公民的政治德性最后要落脚到提升公民个人的自我修养，提升公民的自我修养有助于整个社会形成良好风气。提高公民自我修养的方法主要有学思结合、知行统一和反省自我，提升公民自我修养不仅能促进个人全面发展，帮助公民树立道德意识，培养公民追求真、善、美，还能维护社会的和谐稳定，最终实现个人与社会的双重提升。

1. 有助于维护社会的和谐稳定

提升公民个人政治德性修养有利于维护社会的和谐稳定。提升公民自我修养能够促进公民尊重个人自由、个人价值和个人权利。和谐社会需要公平和正义才能维护个体的平等自由和权利，同时，和谐社会也需要社会主体之间的相互诚信和相互友爱，只有提升公民自我修养，才能使公平和正义、诚信和友爱内化为个人的一种自觉和自发的行为。同时，和谐社会的建设最重要的一点就是要增强社会成员的强烈认同感，培养公民的公共意识和公共精神。公民自我修养的提升对公民公共政治意识的形成和社会认同感的形成具有巨大的推动作用。在不同的社会当中，都存在一种与社会所相适应的一套基本的价值观，这种价值观是整个社会都普遍遵循的价值标准，人类道德观念的发展史已经证明了人类社会存在大家普遍认可和遵守的基本价值观，这种价值观是由人类共有的本性所决定的。这些价值观既包括人类社会共同的价值观，即普遍伦理，如诚实、勇敢、公平、正义、尊重他人、勤劳等，也包含一个社会、一个国家、一个民族独特的价值观，这种价值观也是政治德性修养的提升所要求的。

2. 有助于公民树立正确的道德意识

提升公民自我修养有助于公民树立正确的道德意识。中国传统文化非常重视对人的道德意识的培养，认为人之所以为人、人之所以异于禽兽，就在于人有道德意识。一个人只有树立了正确的道德意识，才能正确地认识和处理人与人、人与社会、人与国家的关系，树立崇高的道德理想，自觉遵守道德规范，有做道德的人的自觉。

公民树立正确的道德意识需要从认知、实践和社会互动等方面共同推进，可以通过宣传教育、文化活动等多种途径和手段，引导公民树立正确的道德观念和价值观念，提高公民的道德认知水平和道德判断能力。提升公民的自我修养能够提升公民的道德水平、增强公民的社会责任感，培养公民的良好行为习惯和文明行为，减少社会不良行为和社会问题的发生，促进整个社会的文明进步和长足发展，提高社会的和谐程度和文明程度。

3. 有助于公民追求真、善、美

提升公民自我修养有助于公民追求真、善、美。中国哲人认为，人们的精神生活表现在对真、善、美的不懈追求上。"人的精神生活价值通常表现为真、善、美三种主要形式。三者之中，善是中心和根本。真是理智之善，美是心灵情感之善，最终都是精神之美。"① "中国哲人认为真理即是至善，求真乃即求善。真善非二，至真的道理即是至善的准则。即真即善，即善即真。"②

真，包括真理和追求真理的精神，是理智德性所追求的目标；善，即追求善良、挖掘人性向善的一面，是道德德性的重要任务；美，是建立在真、善的实践基础之上的，是实践德性的精髓和核心。因此，公民追求真、善、美有助于公民提升政治德性修养。中国哲学中关于提升个人修养特别是德性修养的方法不胜枚举，例如学思结合、省察克制、慎独、积善成德等都是古人给我们留下来的灿烂瑰宝，这些方法指导着人们该如何提升德性，如何完善自身的德性，虽然这些德性修养的方法是当时一定历史阶段的产物，但是这些方法都是人们在长期的社会实践中发现和总结出来的，对当时人们德性的培养具有积极意义，也为当今人们提升自我修养指明了方向。今天，引导和加强公民的自我修养迫在眉睫，以古鉴今，这些传统的方法对公民政治德性的养成也同样具有积极的意义。本书借鉴了古人对德性的养成方法，把提升公民个人自我修养的方法主要归纳为以下三种：学思结合、知行统一、反省自我。

一是，学思结合。学思结合是儒家的经典思想之一，也是孔子的教育

① 寇东亮：《德性重建的自由根基——现代道德困境的人学解读》，河南人民出版社，2006，第82页。
② 张岱年：《中国哲学大纲》，商务印书馆，2015，第28页。

思想，"学而不思则罔，思而不学则殆"①，学思结合在提升公民自我修养方面也具有积极作用，它是培育公民政治德性的一种重要方式。

二是，知行统一。知行统一主要强调的是人们的认识和所做出的行为必须是相互适应、相互协调的，是主客体相互之间的适应，知其实就是人们的认识、知识等，行则指的是人们所做出的实践活动。这种方法在绝大多数时候一般都被运用于教育领域，但不可否认的是它在公民政治德性的养成方面同样具有积极作用。

运用知行合一的方法来培育公民的政治德性要注意以下几个方面。首先，我们必须要认清公民政治德性的主体是什么。其次，我们必须要认清公民政治德性相关的内容。最后，在认识清公民政治德性的基础上再去指导公民的实践活动。公民作为公民政治德性的主体，必须学习和认识公民所拥有的权利和要履行的义务，认识到作为一个公民在社会活动当中应该如何进行活动和进行怎样的活动，同时也要认识到公民在实践活动中应该具有怎样的政治德性，因为这些政治德性都在指导和影响着公民的想法、言语和行为。在政治生活和经济生活当中，公民要坚持公平、正义等一系列美好的政治德性，在社会交往当中要坚持互相尊重，互相包容和相互信任。

认识和行为相统一，所知所行要一致，知行统一对于公民来说是一项非常重要的政治德性，对于提升公民个人修养也具有重要的意义。

三是，反省自我。反省是人们获得自我观照的一种重要方法，"吾日三省吾身"，自我反省有助于提升公民的个人修养，只有不断反省、不断完善，才能使公民自我修养得到提高。

每个人所接受的教育和所生活的环境是不尽相同的，导致每个人的行为方式、行为习惯乃至所具有的政治德性都存在差异。在日常活动中，当我们在进行某种行为的时候，可能最开始的时候我们依据的是我们以往的经验也就是所习惯了的行为方式。由于之前经验的局限性，我们在最初做出某种行为时，可能并不是考虑其是不是对社会有益，是不是能够与社会

---

① 《论语》，陈晓芬译注，中华书局，2016，第16页。

所要求的政治德性相适应，因此这就要求我们在这些行为结束之后，对自己刚才的所作所为进行思考，思考自己的行为是不是符合自身的发展要求、是不是符合社会的发展需要和社会的普遍政治德性。在不断的反省当中，人们能够不断地认识到自己存在的不足之处，并且不断地改进和完善，使得个人的政治德性也在不断完善。反省自我使得人们在社会活动中能够不断完善自我的德性，不断地规范自我的行为，使行为更加符合社会所要求的政治德性，所以，在公民的政治德性养成方面，自我反省是极其重要的一种方法。

参考文献

一　经典著作

《马克思恩格斯选集》第一卷，人民出版社，2012。

《马克思恩格斯选集》第三卷，人民出版社，2012。

《马克思恩格斯全集》第三卷，人民出版社，1960。

《马克思恩格斯全集》第四十九卷，人民出版社，1982。

《马克思恩格斯文集》第三卷，人民出版社，2009。

《马克思恩格斯文集》第四卷，人民出版社，2009。

《马克思恩格斯文集》第五卷，人民出版社，2009。

《共产党宣言》，中共中央马克思恩格斯列宁斯大林著作编译局编译，人民
　　出版社，2014。

《列宁全集》第三十六卷，人民出版社，1985。

《习近平谈治国理政》，外文出版社，2014。

《习近平谈治国理政》第一卷，外文出版社，2018。

《习近平谈治国理政》第二卷，外文出版社，2017。

《习近平谈治国理政》第三卷，外文出版社，2020。

《习近平谈治国理政》第四卷，外文出版社，2022。

《习近平著作选读》第一卷，人民出版社，2023。

《习近平著作选读》第二卷，人民出版社，2023。

习近平：《决胜全面建成小康社会 夺取新时代中国特色社会主义伟大胜
　　利——在中国共产党第十九次全国代表大会上的报告》，人民出版

社，2017。

习近平：《高举中国特色社会主义伟大旗帜 为全面建设社会主义现代化国家而团结奋斗——在中国共产党第二十次全国代表大会上的报告》，人民出版社，2022。

习近平：《在全国劳动模范和先进工作者表彰大会上的讲话》，人民出版社，2020。

《习近平关于协调推进"四个全面"战略布局论述摘编》，中央文献出版社，2015。

《习近平关于社会主义政治建设论述摘编》，中央文献出版社，2017。

《习近平关于社会主义经济建设论述摘编》，中央文献出版社，2017。

《全面建成小康社会重要文献选编》（上），人民出版社、新华出版社，2022。

《全面建成小康社会重要文献选编》（下），人民出版社、新华出版社，2022。

二 古籍

陈戍国校注《礼记》，岳麓书社，2019。

朱熹：《四书章句集注》，中华书局，2011。

《论语》，陈晓芬译注，中华书局，2016。

《四书五经》（第二册），线装书局，2014。

《老子》，汤漳平、王朝华译注，中华书局，2014。

《康有为全集》第五集，中国人民大学出版社，2007。

《荀子》，方勇、李波译注，中华书局，2015。

《礼记》，陈戍国导读校注，岳麓书社，2019。

三 中文著作

本书编写组：《中国近代史纲要》，高等教育出版社，2018。

《西方哲学史》编写组：《西方哲学史》，高等教育出版社，2019。

冯建军：《公民品格培育与公共生活建构》，人民出版社，2023。

焦国成主编《公民道德论》，人民出版社，2004。

江畅：《德性论》，人民出版社，2011。

周辅成编《西方伦理学名著选辑》（上卷），商务印书馆，1964。

陈荣捷：《王阳明传习录详注集评》，华东师范大学出版社，2009。

罗国杰：《伦理学》，人民出版社，2014。

张传有：《伦理学引论》，人民出版社，2006。

张宜海：《论公民德性》，郑州大学出版社，2011。

金生鈜：《规训与教化》，教育科学出版社，2004。

江畅：《西方德性思想史》，人民出版社，2016。

刘玮主编《西方政治哲学史》（第一卷），中国人民大学出版社，2019。

北京大学哲学系外国哲学史教研室编译《古希腊罗马哲学》，生活·读
　　书·新知三联书店，1957。

陈开先：《政治哲学史教程》，科学出版社，2010。

周濂：《西方政治哲学史》，中国人民大学出版社，2019。

张凤阳等：《政治哲学关键词》，江苏人民出版社，2022。

江畅：《好生活如何可能——基于价值论的思考》，社会科学文献出版社，
　　2023。

朱贻庭主编《伦理学大辞典》，上海辞书出版社，2002。

《新时代中国公民道德建设实施纲要》，人民出版社，2019。

陈根法：《德性论》，上海人民出版社，2004。

李建华：《国家治理与政治伦理》，湖南大学出版社，2018。

本书编写组：《思想道德与法治》，高等教育出版社，2021。

袁峰：《理想政治秩序的探求》，学林出版社，2002。

寇东亮：《德性重建的自由根基——现代道德困境的人学解读》，河南人民
　　出版社，2006。

张岱年：《中国哲学大纲》，商务印书馆，2015。

四　中文译著

〔古希腊〕亚里士多德：《尼各马可伦理学》，廖申白译注，商务印书馆，
　　2003。

〔古希腊〕柏拉图：《理想国》，郭斌和、张竹明译，商务印书馆，1986。

〔古希腊〕亚里士多德：《政治学》，吴寿彭译，商务印书馆，1965。

〔法〕卢梭：《社会契约论》，何兆武译，商务印书馆，1980。

〔法〕孟德斯鸠：《论法的精神》（上册），张雁深译，商务印书馆，1959。

〔荷兰〕斯宾诺莎：《伦理学》，贺麟译，商务印书馆，1958。

〔美〕麦金太尔：《德性之后》，龚群、戴扬毅译，中国社会科学出版社，2020。

〔古希腊〕荷马：《荷马史诗·伊利亚特》，罗念生、王焕生译，人民文学出版社，1994。

〔古希腊〕荷马：《荷马史诗·奥德赛》，罗念生、王焕生译，人民文学出版社，1994。

〔古希腊〕柏拉图：《苏格拉底的申辩》，吴飞译，华夏出版社，2007。

〔古罗马〕塞涅卡：《道德书简》，刘晴译，社会科学文献出版社，2021。

〔古希腊〕爱比克泰德：《爱比克泰德论说集》，王文华译，商务印书馆，2009。

〔古罗马〕马可·奥勒留：《沉思录》，王燕珍、陈利红译，华中科技大学出版社，2016。

〔意〕阿奎那：《阿奎那政治著作选》，马清槐译，商务印书馆，1963。

〔美〕史蒂芬·B. 史密斯：《政治哲学》，贺晴川译，北京联合出版公司，2015。

〔意〕马基雅维里：《君主论》，潘汉典译，商务印书馆，1985。

〔意〕马基雅维里：《论李维》，冯克利译，上海人民出版社，2005。

〔英〕霍布斯：《论公民》，贵州人民出版社，2003。

〔英〕霍布斯：《利维坦》，商务印书馆，1985。

〔荷〕斯宾诺莎：《神学政治论》，温锡增译，商务印书馆，1963。

〔英〕洛克：《政府论》（下篇），叶启芳、瞿菊农译，商务印书馆，1964。

〔英〕边沁：《政府片论》，沈叔平等译，商务印书馆，1996。

〔英〕约翰·穆勒：《功利主义》，徐大建译，上海世纪出版集团，2008。

〔德〕列奥·施特劳斯、〔美〕约瑟夫·克罗波西编《政治哲学史》（第三版），李洪润等译，法律出版社，2020。

〔法〕阿历克西·德·托克维尔：《论美国的民主》，吉家乐译，中国华侨出版社，2014。

〔德〕黑格尔：《法哲学原理》，张企泰、范扬译，商务印书馆，1961。

〔英〕奥克肖特：《政治中的理性主义》，张汝伦译，上海译文出版社，2004。

〔美〕约翰·罗尔斯：《正义论》，何怀宏等译，中国社会科学出版社，2009。

〔德〕尤尔根·哈贝马斯：《在事实与规范之间》，童世骏译，生活·读书·新知三联书店，2003。

〔美〕罗伯特·诺齐克：《无政府、国家与乌托邦》，何怀宏译，中国社会科学出版社，1991。

〔美〕迈克尔·桑德尔：《民主的不满：美国在寻求一种公共哲学》，曾纪茂译，江苏人民出版社，2012。

〔美〕艾米·古特曼：《民主教育》，杨伟清译，译林出版社，2010。

〔加〕威尔·金里卡：《当代政治哲学》，刘莘译，上海译文出版社，2015。

〔古希腊〕色诺芬：《回忆苏格拉底》，吴永泉译，商务印书馆，1984。

〔古希腊〕亚里士多德：《尼各马科伦理学》，廖申白译注，商务印书馆，2003。

〔美〕柯尔伯格：《道德教育的哲学》，魏贤超、柯森等译，浙江教育出版社，2000。

〔美〕詹姆斯·博曼、威廉·雷吉编《协商民主：论理性与政治》，陈家刚等译，中央编译出版社，2006。

〔美〕科恩：《论民主》，聂崇信等译，商务印书馆，1988。

〔美〕塞缪尔·P.亨廷顿：《变化社会中的政治秩序》，王冠华等译，上海人民出版社，2008。

〔英〕弗兰西斯·培根：《人生论》，何新译，湖南人民出版社，1987。

〔德〕尼克拉斯·卢曼：《信任》，瞿铁鹏、李强译，上海世纪出版集团，2005。

〔美〕罗尔斯：《正义论》，何怀宏译，中国社会科学出版社，2009。

五 期刊论文

胡弘弘：《公民概念在我国的发展》，载张庆福、韩大元主编《中国宪法年刊（2005）》，法律出版社，2006。

李兰芬、王国银：《德性伦理：人类的自我关怀》，《哲学动态》2005 年第12 期。

江畅：《西方政治哲学重点关注的八大问题》，《理论月刊》2022 年第8 期。

江畅：《西方德性思想的历史演进和基本特征》，《华中科技大学学报》（社会科学版）2012 年第5 期。

江畅：《中国政治哲学重点关注的八大问题》，《湖北社会科学》2023 年第2 期。

孟锐峰：《论公民政治参与中的德性——对亚里士多德政治哲学的探析》，《学术交流》2016 年第6 期。

班建武：《"公民"还是"私民"？现代化转型中的中国大陆中学生公民德性调查与分析》，《教育科学》2015 年第3 期。

罗大蒙、张芸：《公民特质、国家治理与"好公民"培育：中国国家治理现代化的公民身份条件》，《晋阳学刊》2016 年第1 期。

董波：《亚里士多德〈政治学〉的结构问题》，《现代哲学》2017 年第3 期。

李佃来：《新中国成立 70 年来政治哲学的发展》，《武汉大学学报》（哲学社会科学版）2019 年第6 期。

于金富、郑锦阳：《马克思亚细亚生产方式理论探析》，《河南大学学报》（社会科学版）2022 年第5 期。

赵轶峰：《王朝、天下、政权、文明——中国古代国家形态问题的若干概念》，《中国史研究动态》2022 年第5 期。

都永浩：《"天下"内涵及与近现代中华民族的关系》，《中国边疆史地研究》2022 年第4 期。

杜志章、田秀华：《人类命运共同体构建中的国家角色与方位》，《西北师大学报》（社会科学版）2022 年第 5 期。

赵世超：《中国古代引礼入法的得与失》，《陕西师范大学学报》（哲学社
会科学版）2011 年第 1 期。

史彤彪：《公民德性与法治转型》，《华东政法大学学报》2018 年第 3 期。

陈志刚：《人类文明新形态的内在意蕴》，《红旗文稿》2025 年第 1 期。

邱吉、贾蕾：《"人类文明新形态"的科学内涵》，《马克思主义理论学科
研究》2022 年第 8 期。

郑根成、陈寿灿：《〈新时代公民道德建设实施纲要〉的新义解读——基于
两个〈纲要〉比较的研究》，《浙江工商大学学报》2020 年第 3 期。

梅景辉：《在德性与德行之间——中西哲学良知论的差异与沟通》，《湖北
大学学报》（哲学社会科学版）2008 年第 4 期。

涂诗万、董标：《解放智慧：杜威"教育即生活"的民主意蕴》，《当代教
育与文化》2015 年第 7 期。

邓黎、张澍军：《反思与重构：基于现代道德发展困境的思考》，《思想教
育研究》2018 年第 2 期。

〔意〕布鲁尼：《论佛罗伦萨的政制》，郭琳译，《政治思想史》2015 年
第 3 期。

李婉芝、江畅：《中国政治哲学的一般意涵与总体特征》，《江汉论坛》
2024 年第 1 期。

李婉芝、江畅：《西方政治哲学的价值、局限及启示》，《江苏行政学院学
报》2024 年第 1 期。

李婉芝：《西方公民政治德性思想的历史演进及当代启示》，《湖北大学学
报》（哲学社会科学版）2023 年第 6 期。

六　外文文献

Ellen Frankel Paul, Fred D. Miller, Jr., and Jeffrey Paul, *Virtue and Vice*,
Cambridge University Press, 1998.

Nancy Sherman, *The Fabric of Character*: *Aristotle's Theory of Virtue*, Oxford:
Clarendon Press, 1989.

Derek Edyvane, *Civic Virtue and the Sovereignty of Evil*, New York: Routledge, 2013.

Alfieri, *Education*, *Civic Virtue*, *and Colonialism in Fifteenth-century Italy*, Tempe, Ariz, 2011.

后　记

　　故事不能停留在第六章，写下去才知道梦有多长。行笔至此，百感交集。这是我的第一部关于政治哲学研究的专著，也是我博士后期间的研究成果。这本书记录了我在华中师范大学政治哲学研究中心求学的心路历程，也承载着我的工作单位湖北大学马克思主义学院的殷切期望。

　　首先，我要深深地感谢我的工作单位湖北大学马克思主义学院，学院对本书的出版给予热情的支持，让我感受到马院大家庭的温暖，这里是我的母院，也是我安身立命之所，我在这里度过了难忘的学习、工作时光。在这里，有我亲爱的老师，有我工作上的领导，还有一帮志同道合的同事，这里犹如一片沃土，浓厚的学术氛围、宽松的学术环境滋养着我这棵小树苗，使我的专业水平、教学能力得以提高与迅速成长，如果说我取得了一些成绩的话，那么这些都离不开学院对我的精心培养。今后要走的路还很长，要学的东西还很多，我会秉承马院的院训，一如既往地努力求索，争取为学院做出更多更大的贡献！

　　其次，我要深深地感谢我的合作导师江畅先生。得入江门，春风化雨，人生至幸。江老师既是一位传道授业解惑的良师，也是一位循循善诱的长者，在江老师的引领下，我得以接触到伦理学、政治哲学的广阔天地，并在陌生的研究领域迅速成长，江老师不仅是我学术上的指引者，更是我人生路上的明灯。江老师严谨的学术态度、深厚的学术造诣使我领略到学问的魅力和力量，本书从选题到思路，从框架到内容，每一步都凝聚着江老师的智慧和心血。然而，江老师对我的帮助远不止于此，他以言传身教的方式教会了我如何做人，如何面对生活中的困难和挑战。

　　在本书的写作过程中，我的硕士研究生徐慧敏、王珂、马佳文参与了资料的搜集、文稿校对、内容整理的工作，他们为本书的完成和出版付出了很多的努力，在此一并表示感谢。

此外，还要特别感谢社会科学文献出版社马克思主义分社副社长周琼编审，如果没有周琼编审的积极推动和帮助，本书无法完成出版。她精湛的专业能力、兢兢业业的工作态度、对待朋友热情大方的优秀品质，值得我学习！

写作的过程是艰辛而漫长的，在无数个寂寞的夜晚，我的家人给了我无穷的力量，并在各方面给予我关心和照顾，每位亲人对我默默的支持和帮助，是我人生路上前行的动力！

最后，本书在写作的过程中得到过许多专家学者宝贵的指导和建议，囿于学识不够、时间有限，本书难免存在一些纰漏之处，恳请各位专家学者不吝赐教，在此一并表示感谢！

通过这次写作，我更加明白了坚持和努力的重要性。展望未来，我将继续深化研究，拓宽知识领域，不断提升自己的学术水平，为政治哲学研究贡献自己的绵薄之力。

李婉芝

2024 年 4 月 9 日于武汉

图书在版编目（CIP）数据

现代社会公民政治德性及其养成路径／李婉芝著．

北京：社会科学文献出版社，2025.6. --ISBN 978-7

-5228-3828-1

Ⅰ.B82

中国国家版本馆 CIP 数据核字第 2024N23Q13 号

现代社会公民政治德性及其养成路径

著　　者／李婉芝

出 版 人／冀祥德
责任编辑／周　琼
文稿编辑／贾宏宾
责任印制／岳　阳

出　　版／社会科学文献出版社·马克思主义分社（010）59367126
　　　　　地址：北京市北三环中路甲 29 号院华龙大厦　邮编：100029
　　　　　网址：www.ssap.com.cn
发　　行／社会科学文献出版社（010）59367028
印　　装／三河市东方印刷有限公司

规　　格／开本：787mm×1092mm　1/16
　　　　　印张：13　字数：200 千字
版　　次／2025 年 6 月第 1 版　2025 年 6 月第 1 次印刷
书　　号／ISBN 978-7-5228-3828-1
定　　价／85.00 元

读者服务电话：4008918866